Cora Besser-Siegmund/Harry Siegmund
Coach Yourself

Cora Besser-Siegmund
Harry Siegmund

Coach Yourself

Persönlichkeitskultur
für Führungskräfte

ECON Verlag
Düsseldorf · Wien · New York · Moskau

Die Deutsche Bibliothek – CIP-Einheitsaufnahme

Besser-Siegmund, Cora:
Coach Yourself: Persönlichkeitskultur für Führungskräfte /
Cora Besser-Siegmund. – 2. Aufl. – Düsseldorf; Wien; New York; Moskau:
ECON Verl., 1993
ISBN 3-430-11361-X

2. Auflage 1993
Copyright © 1991 by ECON Verlag GmbH, Düsseldorf, Wien,
New York und Moskau.
Alle Rechte der Verbreitung, auch durch Film, Funk und Fernsehen,
fotomechanische Wiedergabe, Tonträger jeder Art, auszugsweisen Nachdruck
oder Einspeicherung und Rückgewinnung in Datenverarbeitungsanlagen aller
Art, sind vorbehalten.
Gesetzt aus der Times, Linotype
Satz: Lichtsatz Heinrich Fanslau, Düsseldorf
Papier: Papierfabrik Schleipen GmbH, Bad Dürkheim
Druck und Bindearbeiten: Franz Spiegel Buch GmbH, Ulm
Printed in Germany
ISBN 3-430-11361-X

Dank an unsere Tochter Lola, an Pit,
an Henning, an Kurt Friedrich und an die
Seminarteilnehmer, deren Erfahrungsberichte wir
veröffentlichen durften.

Inhaltsverzeichnis

Vorwort 13

Einführung 15

Coach Yourself – Persönlichkeitskultur durch
bewußtes Selbstmanagement 17
Die »Ressource Mensch« –
Eine kurze historische Übersicht 22
Die Bedeutung der Führungskraft
in der Unternehmenskultur 25
Der Stellenwert von *Coach Yourself*
für die Zukunft von Unternehmen 30
Die Schritte des *Coach-Yourself*-Konzepts 33
NLP – Eine Landkarte für die Gehirnwelt 34
Coaching-Themen 39

Step 1:
Erfolg haben will gelernt sein 41

Mentale Steuerung des Verhaltens und Befindens
durch »gehirngerechtes« Denken: »Who is driving
the bus?« 42
Die Sinneskanäle: Fünf Filter für die äußere
und innere Welt 44
Übung: Zugangshinweise zu den Sinneskanälen
über die Augenbewegungen 46

Trance, Entspannung und Schlaf
zur Gehirnaktivierung 48
Übung: Eine Kurzentspannung –
Die Sinneskanäle als Kraftquellen 51
Ziele und Körper: Die Zielphysiologie 52
Zielmanagement – Probleme überholen lernen 54
Die klare Zieldefinition 57
Übung: Die »gehirngerechte« Formulierung eines
persönlichen Zieles 61
Zeit vergeht nicht, sie entsteht!
Das zukunftsorientierte Arbeiten mit der Timeline 62
Übung: Paßt mein Ziel »ökologisch«
in meine Zukunft? 66
Der bewußte Start Ihrer Fähigkeiten 68
Übung: Moment of Excellence 71
Erfolg ist »Einstellungssache« –
Im wahrsten Sinne des Wortes! 73
Übung: Einen »gehirngerechten« Erfolgsfilm drehen 75
Ihr Drehbuchmenü für den Erfolgsfilm –
Submodalitätenliste 77
Die Helicopter-View 78
Übung: Der Überblick 80
Metaphern – Die Schaltpläne zerebraler
Lösungswege 80

Step 2:
Die Kraft des Unbewußten nutzen 85

Was ist systemisches Denken? 88
Glück oder Pech?
Themenbewußtsein statt Problembewußtsein 90
Die menschliche Persönlichkeit –
Ein Universum mit System 94
Persönlichkeitsteile im Widerstreit –
Die »aktive Blockade« 97
Übung: Konstruktiver Umgang mit eigenen
»Erfolgsblockaden« 101

Liste der Persönlichkeitsteile 103
Die Vernetzung der »Blockade«
im Persönlichkeitssystem 106
Übung: Welche positive Funktion
erfüllt der »Blockadenteil« in meinem
Persönlichkeitssystem? 107
Von der Blockadendynamik zum
Lokomotiveffekt 108
Übung: Neue Wege statt Sackgassen 110
Wie motiviere ich mich optimal? 111
Übung: Positive Eigenmotivation 118
Heureka – Die Aktivierung
»unbewußter Schleifen« 119
»Ökologische« Erfolge durch die
eigene Kreativität 121
Übung: Die kreative Kraft des
Unbewußten nutzen 126

Step 3:
Coach Yourself 129

Unternehmenskultur im Persönlichkeitssystem –
Die Persönlichkeitskultur 130
Ausstrahlung kommt von innen 131
Die aktiven Fünf –
Das Qualitätspentagramm der menschlichen
Persönlichkeit 135
1. Corporate Identity
oder »Ein konsequentes Erscheinungsbild
aller Teile nach außen« 137
Übung: Meine unverwechselbare Identität 140
2. Teamgeist
oder »Kooperation statt Konkurrenz« 141
Übung: Verhandlung zwischen zwei
Persönlichkeitsteilen 145
3. Ökonomie
oder »Gemeinsam sind wir stark!« 147

Übung A: »Get together« 151
Übung B: »Die Integration der Fähigkeiten« 152
4. Ressourcen
oder »Das Ende krönt das Werk« (Shakespeare) 153
Übung: Neues Know-how, neue Tools 154
5. Flexibilität
oder »Der Weg ist das Ziel!«* 155
Übung: Der Veränderungskoordinator 158
Heureka mit Methode:
Zielmanagement mit den *Coach-Yourself*-Tools 159
Kurzzusammenfassung
für eine persönliche Coaching-Notiz 163
Der Manager als »integrierte Persönlichkeit« 164
Übung: Der »Kongruenz-Test« 166

Step 4:
Coach Yourself in der Interaktion 167

Von der aktiven Persönlichkeit
zum aktiven Unternehmen 167
Wie kann ich bewußt eine positive
»Wellenlänge« zwischen mir und meinen
Mitmenschen erzeugen? 169
Nonverbale Ausdrucksmöglichkeiten in der
zwischenmenschlichen Kommunikation 174
Achtung! Die Verfolgung der Erfolgreichen 175
Übung: Schutz vor dem Neid 178
Wie kann ich erfolgreiche Strategien übernehmen? 178
Übung: Das Master-Modelling 180
Motivation durch die Möglichkeiten
der nonverbalen Kommunikation 181
Übung: Motivation durch nonverbale
Kommunikation 184
Umgangshilfen mit problematischen
Kommunikationspartnern 185
Übung: »Enthypnotisierung« 187

Der gezielte Einsatz der Sprache 188
Beispielliste 190
Das »performance-orientierte«
Delegationsmodell 195

Ergebnisse von Coach Yourself 197

Erfahrungsberichte von Seminarteilnehmern 197
Der synergetische Manager –
Ein Zukunftsprofil 201
Selbstsichere Querdenker 204
Konsequenzen für die Personalauswahl 205
Wie geht es weiter:
Integration der neuen Erfahrungen in den Alltag 206
Übung: Integration in den Alltag –
Zukunftsgestaltung 207

Glossar 209
Literaturverzeichnis 215
Anhang 217
Register 219

Vorwort

Coach Yourself ist eine Methode des Selbstmanagements. Sie aktiviert Ihre persönlichen und beruflichen Ressourcen. Wir haben das Buch so konzipiert, daß es Ihnen jederzeit ein nutzbringender Begleiter bei neuen beruflichen Projekten und in Coaching-Situationen ist. Ein Buch, mit dem Sie sich selbst trainieren können.
Neben verschiedenen Übungen stellt es die markanten Merkmale des *Coach-Yourself*-Trainings dar. Sie können in jedes Kapitel nach der Lektüre wieder »quer« einsteigen.
Alle Übungen, die erfahrungsgemäß häufig genutzt werden, sind durch Hervorhebung im Inhaltsverzeichnis bequem zu finden.
Wir hoffen, Ihnen mit diesem Angebot die zukünftige Arbeit an sich selbst und mit anderen Menschen in einem Rahmen der Humanität und Lebensfreude zu erleichtern.

Dipl.-Psych. Cora Besser-Siegmund
Dipl.-Psych. Harry Siegmund   Hamburg, im März 1991

Einführung

Ausstrahlungskraft, Aura, Charisma – diese magischen Worte begleiten Menschen, die allein aufgrund ihres persönlichen Auftretens intuitiv von anderen als Vorbilder angesehen werden. Magisch sind diese Begriffe, weil eine persönliche Ausstrahlung scheinbar nicht durch bloßes Wollen oder Handeln errungen werden kann. Man kann sie sich nicht so einfach aneignen wie eine Geste, eine Fremdsprache oder gar einen Anzug und eine Frisur. Und doch wird in der Literatur zum Thema Unternehmenskultur immer wieder die Wichtigkeit der persönlichen Ausstrahlung von Führungskräften betont.

Mit der *Coach-Yourself*-Methode können Sie gezielt lernen, sich Ausstrahlungskraft anzueignen. Denn das Fluidum eines Menschen ist unserer Erfahrung gemäß nicht etwas ein für allemal Festgelegtes wie etwa die Augenfarbe. Der Weg zum Charisma führt über die bewußte Aktivierung Ihrer Persönlichkeitsanteile.

Eine aktive Persönlichkeit ist weder ein Held noch ein Genie. Sie verfügt auch nicht über eine einseitige Superintelligenz, sondern über ein systemisches Denken mit Weitblick. Systemische Intelligenz verleiht dem Menschen eine optimale Sensibilität für lebendige Prozesse. Und diese Sensibilität ist für die Leitung eines Unternehmens von entscheidender Wichtigkeit. Während technische Einheiten auch bei einem stumpfsinnigen Bürokraten an der Spitze optimal weiterarbeiten, reagieren Unternehmen auf den Führungsstil ihres Managements wie lebende Organismen. Deshalb benötigt jedes konkurrenzfähige Unternehmen heute aktive Führungskräfte mit einer ausgeprägten systemischen, ganzheitlichen Intelligenz.

Als aktive Persönlichkeit bezeichnen wir einen Menschen, der einen sehr guten Zugang zu seinen gesamten Fähigkeiten und inneren Kraftquellen besitzt. Selbst im Ruhe-, Erschöpfungs- oder gar Krankheitszustand verfügt er weiter über die Fähigkeit, in einem guten Kontakt mit allen persönlichen Ressourcen zu stehen. Zum einen sind damit die körperlichen und intellektuellen Kraftquellen gemeint. Zu diesen gehören auch mentale Fähigkeiten wie Vorstellungskraft und positives Zieldenken. Zum anderen sind auch alle systemischen Potentiale wie die kreativ-intuitive und die soziale Intelligenz von entscheidender Bedeutung. Erst diese Potentiale bewirken die lebendige und aktive Ausstrahlung eines Menschen, die sich konstant durch sein gesamtes Lebensskript zieht.

Wir orientieren den Begriff der aktiven Persönlichkeit daher nicht an so faszinierenden »Feuerwerks-Persönlichkeiten« wie etwa dem Finanzwunder Trump oder aber weit unter dem Niveau der Wirtschaftsethik grasenden schwarzen Schafen, die nach einer einmaligen Hausse für immer in der mentalen Baisse verschwinden. Unternehmen benötigen vielmehr Menschen, die nicht nur ein Erfolgskonzept besitzen, sondern aufgrund ihrer systemischen Persönlichkeitsstruktur lebenslänglich ein Erfolgskonzept *sind*. Erfolg haben und Erfolg halten, das sind zwei Paar Schuhe.

Die aktive Persönlichkeit kann die vielen verschiedenen Lebensziele, die ein Mensch im Laufe seines Lebens entwickelt, systemisch immer wieder »unter einen Hut bringen«. Ziele werden nicht aufgrund innerer Kraftproben oder durch Selbstüberwindung erreicht, sondern durch die Dynamik eines in sich stimmigen, reibungslos aufeinander abgestimmten Persönlichkeitssystems.

Im heutigen Erfolgsdenken weisen jedoch schon sprachlich die meisten Bilder für den Umgang mit sich selbst eher auf innere Kriegszustände hin als auf eine in sich geschlossene Persönlichkeit. Da geht man gegen sich an, besiegt sich selbst oder überwindet gar den vielzitierten »inneren Schweinehund«. Im wörtlichen Sinne bedeutet das: Ein Mensch, der so über sich denkt, vermutet in sich eine Reihe von Impulsen, denen er mißtrauen oder derer er sich gar entledigen muß. Mißtrauen gegen sich selbst ist allerdings das Gegenteil von Selbstvertrauen. Ein besiegter, überwundener oder erfolgreich bekämpfter Persönlichkeitsteil kann natürlich keinen Beitrag mehr zu einer aktiven Persönlichkeit leisten. Wenn bei einem Menschen alle Persönlichkeitsanteile und inneren Kraftquellen aktiv sein dürfen, verstärkt das seine Ausstrahlung. Je mehr Lichter zusammen kurzschlußfrei leuchten dürfen, desto strahlend heller ist es. Die Fachsprache der Psychologie spricht dann von der überzeugenden Kongruenz einer Persönlichkeit.

Persönliche Kongruenz – das ist das Geheimnis eines Charismas. Und Kongruenz ist kein Ergebnis der Magie, sondern der konsequenten Entwicklung der Persönlichkeitskultur.

Coach Yourself – Persönlichkeitskultur durch bewußtes Selbstmanagement

Coach Yourself ist ein mentales Persönlichkeitstraining für Frauen und Männer, die als Führungskräfte im Management eines Unternehmens tätig sind. Führungsaufgaben teilen sich in der Regel in drei Bereiche auf:

Die indirekte Führung
Es gibt Bestimmungen wie beispielsweise die Arbeitszeitregelung, die generell mit den Mitarbeitern vereinbart und selten verändert werden müssen.

Die direkte Führung
Sie stellt den ständigen Austausch mit den Mitarbeitern per Delegation dar, wobei die Leistungsmotivation eine große Rolle spielt.

Die Führung durch Modellverhalten
Der Manager lebt seinen Mitarbeitern vor, was er selbst von ihnen erwartet.

Die letzten beiden Führungsformen erfordern ein klares Kommunikationsverhalten mit den Mitarbeitern, vor allem aber auch mit sich selbst. Dazu sollte jeder Manager in der Lage sein, sofern er neben seiner Führungsfunktion auch noch seinem Arbeitsbereich gerecht werden will.

Der optimale Umgang in der Kommunikation mit sich selbst wird bei den meisten Managerschulungen viel zu sehr vernachlässigt. Hier setzt *Coach Yourself* an.

Das Wort Coaching kennt man ursprünglich aus dem Leistungssport. Hier ist der Coach der individuelle Trainer von Spitzensportlern. Er ist nicht nur für das Leistungstraining, sondern auch für die menschlich-mentale Verfassung seines Schützlings zuständig. Für Sportfans ist es schon zur Selbstverständlichkeit geworden: Wenn Steffi Graf siegt oder Toni Schumacher einen Elfmeter hält, müssen nicht nur Kondition und Technik, sondern auch die innere Verfassung stimmen. Unter Managern und Führungskräften bezeichnet der Begriff Coaching inzwischen ein gezieltes, berufsbezogenes Persönlichkeits- und Mentaltraining. Gutes Coaching im Spitzenleistungsbereich bedeutet nicht nur Training, sondern auch Talenttraining: Ein professioneller Coach erkennt genau die Stärken seines Schützlings und hält auch bei dessen scheinbaren Schwächen unbeirrbar an seinem Urteil über ihn fest, denn er glaubt an sein Talent, ja, er weiß, was »in ihm steckt«.

Vor nicht allzu langer Zeit schickte uns der Geschäftsführer eines Immobilienunternehmens einen jüngeren Mitarbeiter mit folgenden Worten: »Ich weiß, der Bursche ist verdammt gut. Für so etwas hab' ich die richtige Spürnase. Aber bei dem muß so etwas wie ein Knoten gelöst werden – vermute ich mal als Laie. Versuchen Sie doch bitte, ihn irgendwie in Schwung zu bringen.« In der Branche nennt man den erfolgversprechenden Nachwuchs eines Unternehmens auch »Goldfische«. Bei diesem Goldfisch, einem frisch von der Universität kommenden Betriebswirt, lohnte sich die Coaching-Investition: Der Knoten erwies sich als ein klassisches »Zwei-Seelen-in-einer-Brust«-Phänomen. Das Dilemma ergab sich aus dem Widerspruch zwischen seiner Begeisterung für den Beruf und seiner Abneigung gegenüber Anzügen und Krawatten. In nur zwei Sitzungen konnten sich die zwei Seelen zu einem Team zusammenraufen, und die Erfolgsblockade war gelöst.

Ein gutes Coaching muß zwei wesentliche Erfordernisse des Erfolgstrainings abdecken

1. Erfolgsstrategien werden einstudiert und trainiert, bereits vorhandene Fähigkeiten werden gefestigt und ausgefeilt.

Die drei Formen der Führung

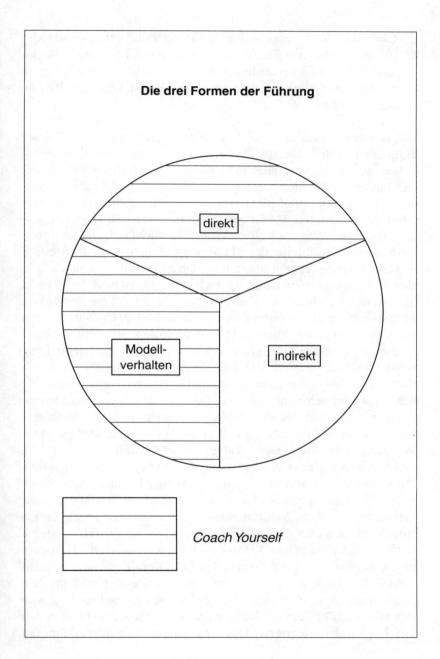

2. Über das Strategien- und Fähigkeitstraining hinaus sorgt der professionelle Coach dafür, das, was in dem Spitzenmann steckt, auch herauskommen zu lassen. Fähigkeiten haben und Fähigkeiten einsetzen können sind zweierlei. Hier setzt die gezielte Förderung der aktiven Persönlichkeit ein.

Wir nennen diesen zweiten Bereich auch *Luna-Learning*. Dieser Begriff ist freilich eine Metapher. Wenn wir bloß die Mondsichel sehen, so ist das nicht gleichbedeutend mit der Unvollständigkeit des Mondes. Wir können den ganzen Mond nur nicht wahrnehmen, weil sein größerer Teil nicht von der Sonne beschienen ist. Viele Manager haben eine Reihe von qualitativ guten Strategieschulungen hinter sich. Obgleich sie den Inhalt intellektuell aufgenommen und so die Bandbreite der Handlungsmöglichkeiten theoretisch erweitert haben, gelingt ihnen noch lange nicht die Umsetzung in den Berufsalltag. Und sollte sie doch gelingen, ist noch lange nicht gesagt, ob eine antrainierte Verhaltensweise auch in die Persönlichkeitsstruktur paßt. »Können Sie mir einmal erklären, warum mein Kollege mich neuerdings nach jedem dritten Satz mit meinem Namen anspricht?« beklagte sich eine unserer Seminarteilnehmerinnen. »Glaubt er vielleicht, das hätte eine gute Wirkung auf sein Gegenüber? Also, mich macht das im Gespräch ganz nervös!«
Selbstverständlich zeugt es von Respekt, den Kommunikationspartner mit seinem Namen anzureden, aber jedes neu trainierte Gesprächsverhalten muß absolut stimmig zur eigenen Persönlichkeit und zur Situation passend angewendet werden.
Bei brachliegenden oder falsch eingesetzten persönlichen Potentialen kann man im weitesten Sinne von Erfolgsblockaden sprechen. Affirmation und positives Denken können in solchen Fällen nicht viel helfen, da diese Methoden lediglich versuchen, gegen die Erfolgsblockaden anzudenken. Was aber hilft, ist konstruktiv-systemisches Denken. Auch eine Erfolgsblockade wird durch die Dynamik einer inneren Energie aufrechterhalten. Diese Energie darf nicht bekämpft, sondern ihre Dynamik muß freigesetzt und für den Erfolgsprozeß nutzbar gemacht werden. Mit Luna-Learning werden alle Teile der Persönlichkeit ins rechte Licht gerückt und in den Erfolgsprozeß integriert. Das nervenaufreibende Ankämpfen

gegen sich selbst, das schon bei so vielen zu gesundheitlichen Schäden und zur beruflichen Talfahrt geführt hat, entfällt.

In diesem Buch beschreiben und trainieren wir eine Reihe von Kommunikationsmöglichkeiten im Umgang mit sich selbst. Mit diesem mentalen Training werden Sie zu Ihrem eigenen Coach: *Coach Yourself*. Nur so können Sie sicherstellen, auch dann an Ihre Fähigkeiten heranzukommen und sie überzeugend einzusetzen, wenn Sie auf sich selbst gestellt sind. Im Alltag, im »Problemkontext live«, ist jeder Mensch darauf angewiesen, sich selbst bewußt managen zu können. Die aktive Persönlichkeit begleitet sich selbst als Coach überallhin und steuert eigenverantwortlich den Umgang mit den eigenen Kraft- und Energiequellen.

Es empfiehlt sich selbstverständlich, *Coach Yourself* zu beherrschen, um mentalpersönliche Probleme gar nicht erst entstehen zu lassen. »Jetzt weiß ich erst, was Selbstsicherheit tatsächlich bedeutet«, sagte neulich ein älterer, auf den ersten Blick durchaus selbstsicher wirkender Wirtschaftswissenschaftler, der die letzten zehn Jahre in einer für ihn sehr unbefriedigenden Position als Vorstandsmitglied verbracht hatte. Er hatte in dieser Zeit noch nicht einmal versucht, seine berufliche Position zu ändern. »Erst heute kann ich rückblickend mit Überzeugung sagen, daß ich allemal die Fähigkeiten besaß, auch woanders ein guter Mann zu werden – aber ich habe mich völlig verrückt gemacht mit meiner Unsicherheit.« Er formulierte wiederholt, daß die Methoden des Selbstmanagements eigentlich schon in den Schulunterricht gehörten. Zudem erlebe er seit dem Zuwachs an mentaler Selbstsicherheit wesentlich mehr Respekt seitens seiner Mitarbeiter und Vorstandskollegen – ohne sagen zu können, er verhalte sich konkret anders als zuvor.

Im alltäglichen Umgang mit den Mitarbeitern ergibt sich der *Mikrokosmos-gleich-Makrokosmos-Effekt:* Unsere *intra-personelle* Verfassung übt einen unbewußten, aber entscheidenden Einfluß auf unsere *inter-personellen* Beziehungen im Unternehmen aus. Können Sie sich beispielsweise selbst gut motivieren, werden Sie auch auf die Mitarbeiter einen Lokomotiveffekt übertragen. Das gleiche gilt im Verhältnis zu Geschäftspartnern und Kunden.

Coach Yourself optimiert demnach die Effektivität der direkten Führung und der Führung durch Modellverhalten.

Die »Ressource Mensch« – Eine kurze historische Übersicht

Coach Yourself stellt die Führungskraft als Mensch in den Blickpunkt. Bereits in den frühen dreißiger Jahren gab es im Rahmen der modernen Betriebswissenschaften in den Vereinigten Staaten die erste *Human-Relation*-Bewegung. Diese kann als Reaktion auf das von Taylor propagierte *Scientific-Management* mit seinen auf strengen analytischen Untersuchungen aufbauenden Arbeitsoptimierungen angesehen werden. Taylor hatte schon seit Ende des neunzehnten Jahrhunderts *the one best way* für jede Arbeitsverrichtung gesucht. Konzepte von straffer Zeitausnützung, technischer Vervollkommnung, Lohnregulierung und rationeller Organisation aller Betriebsvorgänge stellten das Ergebnis seiner Forschung dar.

Mayo, die Schlüsselfigur des besagten Human-Relation-Trends, fand mit seinem Team heraus, daß die sozialen Beziehungen unter den Mitarbeitern in einem Unternehmen einen zentralen Einfluß auf den Arbeitsablauf haben. Im Rahmen seiner sogenannten *Hawthorne-Untersuchung* beschrieb er die Bedeutung von menschlichen Faktoren wie persönliches Ansehen, innere Beteiligung an der Arbeit sowie die Rolle der Leistungsmotivation. Dieser am Menschen orientierte Ansatz, der auf die Qualität der Zusammenarbeit der Mitarbeiter in einem Unternehmen einging, trat allerdings in den fünfziger und zu Beginn der sechziger Jahre wieder in den Hintergrund. Zu dieser Zeit rückten Fragen des Finanz- und Rechnungswesens, der Strukturorganisation und des Marketing in den Vordergrund.

In der zweiten Hälfte der sechziger Jahre begann dann ein regelrechter Boom zum Themenbereich »Ressource Mensch«. Diesmal waren es Psychologen und Organisationspsychologen, die erneut die Bedeutung des Menschen für die Leistungsfähigkeit eines Unternehmens hervorhoben. Bald besuchten Tausende von Führungskräften Seminare über Mitarbeiterführung und Gruppendynamik. Endlich schenkte man wieder dem Betriebsklima, den sozialen Beziehungen und der Leistungsmotivation größte Beachtung.

Das Augenmerk der Führungskräfte wurde gezielt auf jene Faktoren gerichtet, die das Verhalten der Mitarbeiter bestimmen. Manager sensibilisierten sich für Probleme mit der Hierarchie, wie die Beziehung vom Chef zu seinen Mitarbeitern sowie für die Strukturen des sozialen Verhaltens innerhalb der Belegschaft.

Der Mensch ist in den letzten Jahrzehnten immer stärker in den Mittelpunkt der Betrachtung von Führungskräften gelangt. Neben den Führungsaufgaben stellt sich dem Manager die Frage des *Wie:* »Wie gestalte ich die Begegnung zwischen den Menschen, um gute Betriebsergebnisse zu erzielen?« Unser technisches Kommunikationssystem mag einen noch so hohen Standard erlangen, direkt kommunizieren werden dabei immer die Menschen. Menschen sehen und erleben sich gegenseitig im Gespräch und in der Zusammenarbeit; am Telefon hören sie die Stimme ihres Kommunikationspartners und üben so wechselseitig Einfluß aufeinander aus. Hier setzen auch die zahlreichen Kommunikations- und Rhetorikseminare für Führungskräfte an, in denen eine störungsfreie Kommunikation und die Fähigkeit, andere zu überzeugen, trainiert werden. Diese Seminare leisten einen Beitrag zu einer guten zwischenmenschlichen Atmosphäre in einem Unternehmen und fördern so die Unternehmenskultur.

Allerdings wird dabei die für das Berufs- und Lebensmanagement wichtigste Beziehung nur unzureichend thematisiert und trainiert: die Beziehung, die jeder Mensch zu sich selbst hat. Es ist für Führungskräfte an der Zeit zu lernen, ihr Interesse am Menschen auch auf sich selbst zu lenken. Erst eine aktive Persönlichkeitskultur ermöglicht tatsächlich ein erfolgreiches Unternehmen. Ein Manager kann schließlich Probleme der Mitarbeiter nicht mit einem Denken lösen, das die Probleme erst hervorgebracht hat. Eine unzufriedene Führungskraft erzeugt unzufriedene Mitarbeiter; ein schlecht motivierter Manager bewirkt Streß im gesamten Unternehmen.

Eigenmotivation, Lebensmanagement sowie die Fähigkeit zur Koordination der einzelnen Bereiche, die auf den Manager selbst einwirken – das sind wichtige persönliche Aufgaben, um als Führungskraft überzeugend zu wirken.

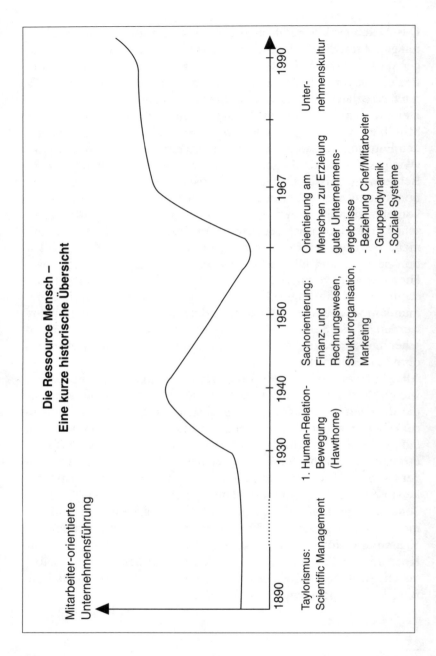

Die Bedeutung der Führungskraft in der Unternehmenskultur

Unter Unternehmenskultur versteht man ein Geflecht von Normen, die das Ergebnis gewachsener Einstellungen, Wertvorstellungen und Denkhaltungen sind. Die Unternehmenskultur prägt das Verhalten der Mitarbeiter in allen Positionen und somit das Erscheinungsbild eines Unternehmens. Über diese Normen und Wertvorstellungen hinaus können wir in vielen Unternehmen die unterschiedlichsten Bräuche beobachten, wie wir das auch von den verschiedenen Kulturkreisen her kennen. Das können bestimmte Rituale oder Gesten sein. Anläßlich eines Besuches in den Räumen einer norddeutschen Bank trauten wir unseren Ohren nicht, als sich sämtliche Mitarbeiter mit einem fröhlichen »Grüß Gott« begegneten. »Seit einem halben Jahr ist das Sitte bei uns. Wir haben hier nämlich einen neuen Geschäftsführer aus Süddeutschland, der hat damit angefangen«, erklärte uns unsere Gesprächspartnerin. Schon diese kleine Anekdote zeigt den starken Einfluß der Führungspersönlichkeit auf die Unternehmenskultur.

Über rein leistungsorientierte und quantitative Fragen hinaus ist für eine gute Unternehmenskultur die qualitative Dimension des »Wie arbeiten wir in diesem Unternehmen« wichtig. Entscheidend ist dabei, wie stark sich die Mitarbeiter mit dieser Kultur identifizieren. Denn: *»Je stärker die Kultur, desto größer die erzielbaren Wettbewerbsvorteile«* – so der Autor Pümpin zum Thema Unternehmenskultur in der »Orientierung«.

Die Literatur zum Thema Unternehmenskultur hebt immer wieder die Orientierung an vorbildhaften Führungspersönlichkeiten als außerordentlich wichtigen Faktor für die Qualität und Stärke der Unternehmenskultur hervor.

Die Führungskraft gehört zu den sogenannten »weichen Faktoren« einer zukunftsorientierten und fortschrittsfähigen Führungsphilosophie, die sich »schwer in Zahlen fassen lassen, sich aber dennoch in der Bilanz niedergeschlagen«, so die Autoren Demuth und Bleicher in den Imageprofilen '90. Die folgende Tabelle zeigt überzeugend auf, in welch hohem Ausmaß bei Mitarbeitern eines Unternehmens das gute Verhältnis zum Vorgesetzten mit einem als

Verhältnis zwischen Betriebsklima; Verhältnis zum Vorgesetzten

Verhältnis zum/ zur Vorgesetzten	Gutes Betriebsklima in %	Schlechtes Betriebsklima in %	Weiß nicht in %
gut	91	7	2
schlecht	4	88	8
unbestimmt	12	71	11

Ein positives Verhältnis zum/zur Vorgesetzten wurde durch drei ihm/ihr zugeschriebene Eigenschaften bestimmt:

1. Gerecht beziehungsweise fair;
2. Behandelt einen als Menschen;
3. Man kann mit ihm/ihr reden.

Quelle: Lay, Rupert, Philosophie für Manager, Düsseldorf, ECON, 1988

gut empfundenen Betriebsklima übereinstimmt. Vergleichbar hoch ist die Korrelation zwischen einem schlechten Betriebsklima und einem als schlecht empfundenen Verhältnis zum Vorgesetzten. Somit rückt die Führungskraft ins Zentrum einer guten Unternehmenskultur. Erfahrene Unternehmer und Manager berichten übereinstimmend von dem Zusammenhang zwischen dem Führungsstil eines Abteilungs- oder Gruppenleiters und der Häufigkeit an Krankmeldungen in der jeweiligen Abteilung. Hier schlägt sich dann der Führungsstil tatsächlich in der Bilanz nieder.

Psychodynamisch betrachtet bietet sich der Vergleich zwischen einem Unternehmen und einer »großen Familie« an, wobei der Führungskraft die Rolle der Eltern zufällt. Im Unternehmen gelten alle Voraussetzungen, die auch eine Familie für eine gesunde Atmosphäre und für die Entwicklungsmöglichkeiten ihrer Mitglieder braucht. Die wichtigsten Kriterien sind die optimale Talentförderung des einzelnen und die durch die »Eltern« vermittelte Geborgenheit im System. Nur diese Entfaltungsfreiheit und der Schutz behütet die Mitglieder vor äußeren Einflüssen – sei es fragwürdige Freundschaften in der Pubertät oder Headhunter in der Profilkrise. Die Höhe des Einkommens spielt dann oft eine ebenso

Unternehmensphilosophien im Hinblick auf die Führung

Indirekte, implizite, weiche Faktoren wie gemeinsam getragene Werte, Konsensbereitschaft, abgestimmte Verhaltensweisen, Orientierung an **vorbildhaften Führungspersönlichkeiten** usw.

Humanistische Unternehmensphilosophie

Gelenkte und gestaltete Evolution als Unternehmensphilosophie

Technokratische Unternehmensphilosophie

Direkte, explizite, harte Faktoren wie Befehle, Anweisungen, Geschäftsreglements, Organigramme, Stellenbeschreibungen, Handbücher usw.

sekundäre Rolle wie der finanzielle Status der Familie. Der psychodynamische Aspekt erhält seine Bedeutung, wenn man an die Personalinvestitionen denkt. Im Vergleich zu allen anderen Investitionsposten weisen diese die unsicherste Rentabilität auf. Hier erhält die Führungskraft mit ihrer menschlichen Ausstrahlung eine ganz zentrale Funktion.

Gute Mitarbeiter der jüngeren Generation sind durch die hergebrachte Hierarchie in der Unternehmensführung nicht mehr zu halten. Ihnen stehen als Führungskräfte heute in der Regel Akademiker ohne die geringste professionelle Ausbildung im Umgang mit Menschen gegenüber. Sie stellen oft keine überzeugende Alternative zu den alten Konzepten dar. So werden beispielsweise in einem großen Hamburger Unternehmen, das in der Herstellung von bestimmten Spezialfahrzeugen deutscher Marktführer ist, Ingenieure, Betriebswirte und Juristen als Nachwuchs eingestellt. Keiner der entsprechenden akademischen Ausbildungsgänge bereitet die Studenten in irgendeiner Weise auf ihre Rolle als Führungskraft vor, die sie später in diesem – und anderen – Unternehmen einnehmen werden. So müssen sie sich neben den guten Qualifikationen in den Fachgebieten die Fähigkeit, ein Team zu führen, autodidaktisch aneignen. Der Erfolg ist dementsprechend mager; denn in der Rolle als Führungskraft zählen menschliche Qualitäten. Die soziale Intelligenz wird von den Mitarbeitern als weit wichtiger eingeschätzt als ein Diplom oder gar der Doktortitel.

Auch die Öffentlichkeit interessiert sich intuitiv ganz lebhaft für die Persönlichkeitsprofile der Manager von erfolgreichen Unternehmen. Die Neugier, Persönliches über den Mann oder die Frau an der Spitze zu erfahren, ist groß – gering dagegen die Wißbegier bezüglich der Mitarbeiter und Produkte des Unternehmens. Zur Jahreswende 1990/91 konnten wir dieses Phänomen in der Presse am Beispiel eines großen deutschen Autokonzerns verfolgen. Der Vorstandsvorsitzende wurde in den Medien wiederholt als Symbol und Leitfigur eines überzeugenden Erfolgstrends des riesigen Unternehmens ins Bild gesetzt. Ein einschlägiges Wochenmagazin schrieb anschaulich über seine Art, mit Mitarbeitern zu sprechen, öffentlich aufzutreten, Urlaub zu machen und Damen vollendet die Hand zu küssen. Er wurde als aktive Persönlichkeit in verschiede

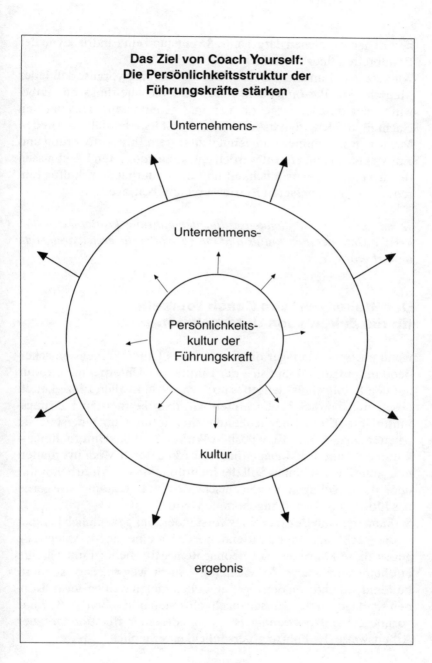

nen Lebensbereichen dargestellt. So entstand ein Eindruck von der Bandbreite seiner Persönlichkeit.

Wir setzen bei unserem *Coach-Yourself*-Training voraus, daß jeder Mensch eine Persönlichkeitskultur hat, die allerdings nur unbewußt oder diffus wahrgenommen und genutzt wird. Das hat den Nachteil, die Kreativitäts- und Produktivitätspotentiale, die in den Menschen schlummern, ungenutzt zu lassen. Ihre Aktivierung und Entwicklung kann erlernt werden und so zu konkreten Ergebnissen für die Führungspersönlichkeit und die Unternehmenskultur führen, ja zu einem besseren Betriebsergebnis beitragen.

Je stärker die Persönlichkeitskultur der Führungskräfte, desto stärker die Unternehmenskultur und um so größer die erzielbaren Wettbewerbsvorteile.

Der Stellenwert von Coach Yourself für die Zukunft von Unternehmen

Wenn auch die Manager die Kultur eines Unternehmens entscheidend mitprägen, so läßt sich der Einfluß der Unternehmenskultur auf den Erfolg eines Betriebes noch gar nicht in allen Einzelheiten absehen. Überdies beobachteten wir, daß die meisten Führungskräfte ihre Einflußmöglichkeiten eher intuitiv nutzen, statt sie bewußt einzusetzen. Eine positive Wirkung auf die Unternehmenskultur gewinnt der Manager in erster Linie durch Modellverhalten und seine Ausstrahlung. Soll die Identifikation der Mitarbeiter mit dem Modell gelingen, ist von entscheidender Bedeutung, wie gerne das Modell als Vorbild angenommen wird.

So kann man am Beispiel eines Vorstandes, der gewöhnlich bis spät in die Nacht tagt, im betreffenden Betrieb eine innere Ablehnung gegen diese Führungskraft beobachten. Mitarbeitern mit Familie erscheint eine solche Arbeitshaltung nicht wegweisend, sondern befremdend und von den eigenen Lebenszielen weit entfernt. Können sie dagegen den Einsatz nachvollziehen und sehen, daß er nur vorübergehend notwendig ist, steigt die Identifikation mit der Arbeitsweise der Führungspersönlichkeit erheblich.

John Naisbitt schreibt in seinem Buch »Megatrends 2000«:

»Es ist das ›Management‹, die Art, wie man einem Betrieb leitet, auf die es ankommt. Es ist wichtig, was für ein Mensch man ist. Man führt andere immer nur durch das eigene Beispiel.«

»Es ist wichtig, was für ein Mensch man ist« – dieser Satz kann und darf für ein Unternehmen zukünftig nicht mehr bedeuten, daß es nur Glücksache oder guter Wille der Führungskräfte ist, der »richtige Mensch« zu sein – vielmehr ist ein aktives »inneres Management« mit Know-how erforderlich, um die Führung durch Modellverhalten effektiv zu steuern. In unserer Gesellschaft ist es selbstverständlich, nur durch Lernen und Übung bestimmte Fertigkeiten wie Autofahren, das Sprechen von Fremdsprachen und vieles andere zu beherrschen. Keinem Piloten ist es peinlich, viele Flugstunden absolviert zu haben, bevor er das erste Mal eine Boeing fliegen durfte. Wenn Sie sich als Pilot keinen Absturz leisten wollen, bedarf es eines wesentlich anspruchsvolleren Trainings als das zum Steuern eines Flugzeuges. Erfolgreiche Unternehmen benötigen in Zukunft Führungskräfte, für die diese Einsicht ein selbstverständliches Gedankengut darstellt.

Zahlreiche Untersuchungen haben gezeigt, daß sich das Durchschnittsalter der Führungskräfte in den westlichen Industrienationen aufgrund der steigenden Lebenserwartung und der geburtenschwachen Jahrgänge in Zukunft erhöhen wird. Schon heute beobachten wir die Jagd auf den potentiellen Managernachwuchs und die steigenden Investitionskosten im Führungskräfte- und Personalbereich. In jedem Fall benötigt ein konkurrenzfähiges Unternehmen nicht den Typ des »Einwegmanagers«, der kurzfristig viel leistet und dann ausgebrannt ist, sondern Führungskräfte, die sich langfristig effektiv und erfolgreich einsetzen. Daher lehrt *Coach Yourself,* statt der schwächenden inneren Kämpfe mit den Erfolgsblockaden konstruktiv umzugehen, sie durch systemisches Denken aufzulösen und somit die blockierte Energie in Zielenergie umzuwandeln.

Außerdem zeichnet sich ab, daß der heutige Managernachwuchs neben Konzentration auf die Karriere auch eine starke Freizeitorientierung aufweist und seine Energien und Interessen ebenso in diesen Bereich steckt. Unternehmen, die von ihrem Nachwuchs erwarten, seine individuellen Lebensziele aufzugeben, müssen sogar mit einem Leistungsabfall rechnen; denn die Newcomer wollen nicht mehr nur die Zähne zusammenbeißen und ihre anderweitigen Lebensziele abschaffen. »Der neue Mitarbeitertyp wird das Unternehmen voranbringen, wenn er dabei gleichzeitig seine persönlichen Ziele nicht aufgeben muß«, so John Naisbitt und Patricia Aburdene in den »Megatrends 2000«.

Schon heute klagen die meisten marktführenden Unternehmen über mangelnden qualifizierten Managernachwuchs. Für die Zukunft zeichnen sich immer gravierendere Engpässe in der Personalbeschaffung von guten und sehr guten Mitarbeitern ab. Daher wird auch jede »Hire and Fire«-Personalpolitik verheerende Folgen haben. Die Führungskraft der kommenden Zeit wird das gelungene Coaching der Mitarbeiter als eine der wichtigsten Aufgaben ansehen. Dann ist eine gezielte Ausbildung in Coaching und Selbstmanagement kein »Nice to have« mehr, sondern ein absolutes Muß.

Die neue Managergeneration wird die gegenwärtige nicht an einem bestimmten Datum ablösen, sondern beide Generationen werden in einer langjährigen Übergangsphase in den Führungsetagen miteinander auskommen müssen. *Coach Yourself* kann durch sein systemisches Konzept einen Beitrag dazu leisten, daß verschiedene Generationen zukünftig ihre Ressourcen »kompatibel« für das gemeinsame Unternehmensziel einzusetzen in der Lage sind.

Führungskräfte mit einer überzeugenden Persönlichkeitskultur werden nicht nur eine stärkende Wirkung auf die Unternehmenskultur ausüben – sie werden auch positives Feedback durch die lebendige Kommunikation mit den Menschen im Unternehmen erhalten. Das fördert wiederum die Zufriedenheit, die Gesundheit und die Motivation des Managers.

Die Schritte des Coach-Yourself-Konzepts

Es ist erforderlich, die erfolgreiche Umsetzung persönlicher Ziele von mindestens zwei Seiten her anzugehen. Zu jedem angestrebten Erfolg gehören zwei Fragen. Erstens: »Kann ich Erfolg haben – Can I win?« und zweitens: »Darf ich Erfolg haben? – May I win?« Die erste Frage zielt auf die erforderlichen persönlichen Erfolgsstrategien wie berufliches Know-how, positive Vorstellungskraft und konstruktives Zieldenken ab. Die zweite Frage zielt direkt auf unbewußte Erfolgsblockaden. Gibt das Unbewußte grünes Licht für den gewünschten Erfolg? Sollen sich die persönlichen Potentiale überhaupt entfalten?

Man kann diesen Sachverhalt mit der Situation eines siebzehnjährigen jungen Mannes vergleichen, dessen größtes Erfolgserlebnis es wäre, endlich auch mit einem Auto über die Autobahn zu preschen. Zunächst hat er es hier mit einem ursächlichen Problem zu tun – er kann noch nicht Auto fahren. Erst die Fahrschule kann zur Bejahung der Frage »Kann ich Erfolg haben?« führen. Aber selbst wenn er nach bestandener Fahrprüfung Auto fahren kann, muß die Frage »Darf ich Erfolg haben?« verneint werden, denn er ist noch nicht achtzehn Jahre alt. Das Unbewußte läßt sich in diesem Beispiel mit dem Gesetzgeber vergleichen, der durch die Altersgrenze dem Erfolgshungrigen eine Blockade vorsetzt, ihn noch nicht als reif genug für die Ausübung seiner Fähigkeiten erachtet. Andererseits kann natürlich noch nicht jeder automatisch mit dem Erreichen des achtzehnten Lebensjahres Auto fahren. Hier fehlen zur vorhandenen persönlichen Reife die erfolgversprechenden Fähigkeiten.

Coach Yourself wird in diesem Buch in vier Steps vorgestellt, wobei schon jeder einzelne Schritt Ziele realisieren helfen kann.

Step 1: Erfolg haben will gelernt sein.
Dieser Schritt beschäftigt sich mit erfolgsorientiertem Mentaltraining wie Entspannungstechniken, dem ziel- statt problemorientierten Denken und der Übung in aktiver Imagination.

Step 2: Die Kraft des Unbewußten nutzen
Hier steht der Umgang mit den persönlichen Erfolgsblockaden im Vordergrund. Es wird gezeigt, wie man die Blockadendynamik durch »geistiges Judo« und eigene Kreativität zum zielgerichteten Lokomotiveffekt umwandeln kann.

Step 3: Coach Yourself
Dieser Schritt zeigt, wie die erarbeiteten Tools von *Coach Yourself* als automatisch-selbstverständliche Denkmuster ins gelebte Persönlichkeitsrepertoire, also in Fleisch und Blut übergehen.

Step 4: Coach Yourself in der Interaktion
Hier lernen Sie, das bereits Erarbeitete in der lebendigen Kommunikation mit anderen Menschen effektiv zu nutzen.

Alle Elemente basieren auf der Methode des neurolinguistischen Programmierens (NLP). Im nächsten Kapitel stellen wir Ihnen das NLP vor, das inzwischen bei uns auch zu einem Hit im Verkaufstraining wurde.

NLP – Eine Landkarte für die Gehirnwelt

Führungskräfte sollen ihre eigene Persönlichkeit durch Selbstmanagement aktiv coachen lernen. Hierfür ist ein effektives Mentaltraining ohne den üblichen psychotherapeutischen Ballast erforderlich. Unsere Seminarteilnehmer schätzen schon seit einigen Jahren die Methode des neurolinguistischen Programmierens – abgekürzt das NLP – zur Lösung von individuellen Problemen ohne überflüssigen »Seelenstriptease«.
Wir haben das *Coach-Yourself*-Konzept auf der Grundlage des neurolinguistischen Programmierens entwickelt. NLP beschreibt den Zusammenhang von Erfahrung und Bewußtwerdung des inneren Erlebens eines Menschen und der Entwicklung seiner Fähigkeiten. Als ein neues psychologisches Kommunikationsmodell lehrt NLP uns, die *Sprache* unseres *Nervensystems* zu

verstehen, umzusetzen und unser Leben erfolgreich zu *programmieren.*

Die Kommunikation, also die »Sprachberührung« zweier Menschen – in der Psychotherapie, in Verhandlungen und im Verkauf beispielsweise –, bewirkt die Veränderung im Denken und in der Befindlichkeit. Dies geschieht nicht nur zwischen zwei oder mehreren Menschen, sondern auch in der Kommunikation eines Menschen mit sich selbst: bei der Eigenmotivation, der Entwicklung und Umsetzung individueller Lebensziele, beim Selbstmanagement.

Für die erwähnten Veränderungen ist das Gehirn verantwortlich. Es verarbeitet das Gesagte oder Gedachte und stellt sich daraufhin auf die Veränderung ein. Unser Gehirn steuert alle wichtigen Körperfunktionen wie Atmung, Muskelspannung, Durchblutung, Stoffwechsel – und es organisiert die Art und Weise zu denken. Das menschliche Gehirn besteht bei einem Gewicht von etwa drei Pfund aus ungefähr zehn Milliarden Nervenzellen. Einige Experten vermuten sogar die weitaus größere Zahl von hundert Milliarden Zellen. Jede einzelne Gehirnzelle steht über ihre verzweigten Nervenenden wiederum in Verbindung mit jeweils zehntausend anderen. So wird der vielzitierte Vergleich mit einem Computer dem menschlichen Gehirn mit seinen unzähligen Möglichkeiten keineswegs gerecht. Die Gehirnforscher tendieren vielmehr dazu, *einzelne Gehirnzellen mit einem Computer zu vergleichen.*

Diese äußerst komplexe »Verkabelung« auf elektrochemischer Basis mit Hilfe sogenannter Neurotransmitterstoffe ergibt diesen enorm leistungsfähigen Informationsspeicher. Er stellt unvorstellbare Kapazitäten für die Informationsverarbeitung und Kommunikation der verschiedenen Körpersysteme untereinander bereit. Aus diesem Grund bezeichnen wir den entsprechenden Bereich in unserem Kopf als »Gehirnwelt«. Diese Vorstellung macht auch die Analogie von Mikrokosmos und Makrokosmos plausibel: Jeder Mensch ist schon für sich eine eigene Welt, zumindest aber ein großes Unternehmen. Und auch das Innere, die Persönlichkeit, muß geleitet und kultiviert werden.

So wie eine Landkarte mit den eingezeichneten Straßen, Flüssen und Landschaften hilft, uns auf einer Reise durch die Welt zurecht-

Eine einzelne Gehirnzelle

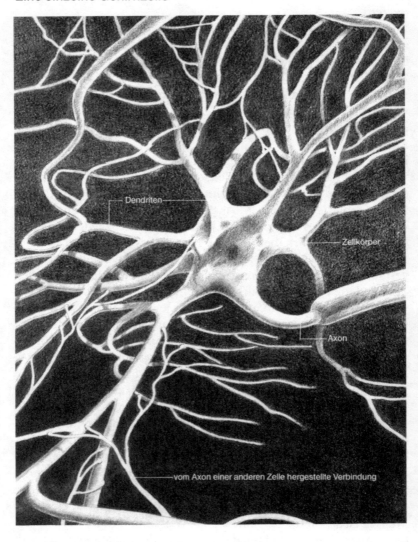

Quelle: Robert Ornstein, Richard F. Thompson: Unser Gehirn – das lebendige Labyrinth. Rowohlt 1986.

Neuronale Verknüpfung

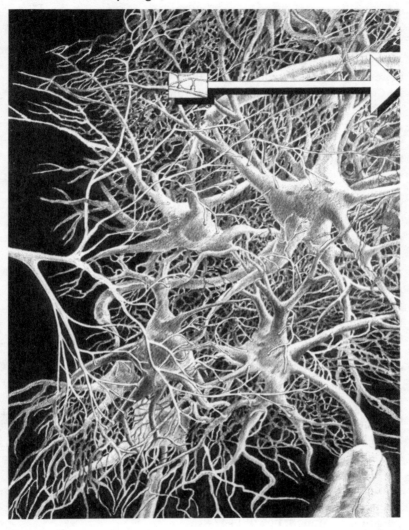

Quelle: Robert Ornstein, Richard F. Thompson: Unser Gehirn – das lebendige Labyrinth. Rowohlt 1986.

zufinden, so hilft auch das Denken in Sprache, in Worten, Sätzen und Metaphern, uns in unserer Gehirnwelt zurechtzufinden. Diese Zusammenhänge sind in dem Namen NLP ausgedrückt.

Neuro
bedeutet, jedes menschliche Verhalten und jeder Körperzustand ist im Gehirn durch neuronale Verknüpfungen repräsentiert.

Linguistisch
meint, wir können über diese Verknüpfungen mit Hilfe unserer Sprache kommunizieren.

Programmieren
bezeichnet den Vorgang, mit Hilfe der Sprache Gedanken zu entwickeln, die dann rückwirkend wiederum die neuronalen Verknüpfungen in eine gewünschte Richtung programmieren.

NLP wurde in den 70er Jahren von dem Linguisten John Grinder und dem Mathematiker Richard Bandler ins Leben gerufen. Sie hatten über Jahre die sogenannten »Zauberer« unter den Therapeuten der verschiedenen großen Psychotherapieschulen Amerikas in ihrem Kommunikationsverhalten beobachtet. Zu ihnen zählten Carl Rogers, Virginia Satir, Fritz Pearls, Gregory Bateson und der bekannte Hypnosespezialist Milton Erickson. Bandler und Grinder war aufgefallen, daß diese »Zaubertherapeuten« oft gar nicht richtig beschreiben konnten, warum sich Menschen gerade durch ihre therapeutische Arbeitsweise so effektiv veränderten.
So stellten sich die beiden eine interessante Frage: Geben diese großen Therapeuten in ihren Trainingsprogrammen und Büchern vielleicht nur Strategien weiter, von denen sie nur glauben, daß sie erfolgreich sind? Liegt aber das eigentliche Geheimnis ihres Erfolges in Kommunikationsmustern, deren Beherrschung und Vermittlung ihnen gar nicht bewußt ist?
Bandler und Grinder fanden folgende Antwort: Die scheinbar magischen Fähigkeiten dieser Therapeuten sind in Wahrheit aus nachvollziehbaren und erlernbaren Strukturen zusammengesetzt. Die Sammlung dieser Strukturen ist die Grundlage dessen, was

NLP ausmacht: ein zielorientierter und auf die menschlichen Ressourcen zurückgreifender Prozeß, der maßgeschneidert auf jeden einzelnen Menschen mit seinen Wünschen und Bedürfnissen angewandt werden kann. Gleichzeitig läßt er den Lernenden über ständigen Kontakt zu sich selbst und durch Feedback von außen am Geschehen teilhaben. NLP ist daher das optimale Handwerkszeug der aktiven Persönlichkeit.

Coaching-Themen

Hier in Stichworten eine Liste von Themen aus dem Bereich der Wirtschaft, für die *Coach Yourself* eingesetzt werden kann.

Selbstmanagement der Persönlichkeitskultur
– Integration persönlicher und beruflicher Interessen;
– Bewußtmachung eigener Kreativitäts- und Produktivitätspotentiale;
– Steigerung der Ausstrahlung und Kongruenz durch die Entwicklung der aktiven Persönlichkeit.

Eigenmotivation

Konstruktiver Umgang mit Erfolgsblockaden

Klärung von Entscheidungen

Kreativitätssteigerung
– Marketingideen
– Medienwerbung
– Markennamen

Kommunikation mit Mitarbeitern
– Delegation
– Motivation
– Teamgeist

Professionelle Kommunikation in Verhandlungen
- Verhandlungen
- Geschäftsabschlüsse
- Cross Culture (Begegnung mit anderen Kulturen)

Wirtschaftsethik

Step 1:

Erfolg haben will gelernt sein

1

Mit *Coach Yourself* können Sie lernen, durch »richtige« Gedanken und »richtige« Kommunikation gewünschte Erfolge detailliert vorzubereiten und durch zielgerichtetes Handeln zu erreichen. »Richtige« Gedanken, »richtige« Kommunikation – was ist damit gemeint? Das Wort »richtig« hängt mit »Richtung« zusammen. Gedanken, Ideen, Sprechen und Verhalten sind Hervorbringungen des Gehirns, jenes Organs, das unser körperliches und seelisches Leben und Erleben organisiert. Um ein persönliches oder berufliches Ziel zu erreichen, muß unser Gehirn mental auf das gewünschte Ziel hin *gerichtet* werden, um dann den Erfolg zu erreichen. Unser Gehirn folgt der gedanklich angestrebten Richtung mit seinen enormen Möglichkeiten, und zwar so lange, bis das Ziel erreicht und in die Realität umgesetzt ist.

Es besteht nach wie vor im Berufsleben die weitverbreitete Meinung, zum Erreichen von Zielen sei das Wollen entscheidend. Stellt sich der Erfolg nicht ein, wird angenommen, man habe sich nicht genug angestrengt oder eben nicht stark genug gewollt. Aus unserer Erfahrung heraus können wir aber versichern, daß es überaus viele Menschen gibt, die einen beruflichen oder persönlichen Erfolg wirklich wollen – jedoch nur über ungünstige und uneffektive Methoden des »inneren Managements« verfügen. Nicht am richtigen Wollen mangelt es, sondern am richtigen Können.

- Wenn Sie sich beispielsweise selbst auf eine ungünstige Art und Weise motivieren, nützt es nichts, diesen Motivationsstil durch Wollen oder Anstrengung noch zu verstärken, sondern er muß analysiert und verändert werden.

- Wenn Sie nicht wissen, in welcher körperlichen Verfassung Sie am optimalsten ihre »Gedanken beisammenhaben«, können Sie diesen physiologischen Zustand auch nicht willentlich einsetzen.
- Innere Bilder, mit denen Sie sich ein Ziel sprichwörtlich »ausmalen«, müssen auf eine bestimmte Art und Weise strukturiert sein, damit das Gehirn das Ziel überhaupt erfolgreich denken kann.
- Die lebende Kommunikation mit Mitarbeitern, Geschäftspartnern und Kunden unterliegt einer sekundenschnell wechselnden Dynamik, die Sie bewußt erkennen und mitgestalten könnten.

Diese Beispiele beschreiben Fähigkeiten der Selbststeuerung, die nur durch Lernprozesse aufgenommen, verstanden und so gesichert werden können, daß sie als selbstverständlich in Fleisch und Blut übergehen. Im Gehirn werden sich dann diese »Programme« in Form von neuen Verknüpfungen zwischen den Gehirnzellen als Gedächtnisspuren oder Engramme stabilisieren. Die richtige Bildung und Konkretisierung von neuronalen *Engrammen* ist das Trainingsziel von Step 1.

Mentale Steuerung des Verhaltens und Befindens durch »gehirngerechtes« Denken: »Who is driving the bus?«

Diese rhetorische Frage stellt Richard Bandler in seinem Buch Veränderung des subjektiven Lebens. Der PS-starke Bus steht als Bild für unser Gehirn mit seinen enormen Kapazitäten. Den Menschen vergleicht Bandler mit dem Busbesitzer. Im Unterschied zu einem Bus paßt jedoch zum Gehirn tatsächlich der Werbeslogan: ». . . und läuft und läuft und läuft . . .« Unser Gehirn arbeitet also ununterbrochen, es ist nicht auszuschalten. Dabei ist es, als würden die meisten Busbesitzer nicht am Steuer, sondern auf der Rückbank des Busses sitzen und sich darüber wundern, in welche Richtung der führerlose Bus sie fährt. Fassungslos schauen sie aus dem Fenster und klagen: »Aber hier wollte ich doch gar nicht hin!«
Das Gehirn, das Tag und Nacht arbeitet, kann ja nur immer wieder die Programme zuverlässig aktivieren, die es irgendwann einmal

einprogrammiert bekommen hat. Statt über diese Programme zu jammern, können wir sie durch eigenverantwortliche Programmierung steuern, gestalten und erweitern. Wenn das Gehirn auf diese Art und Weise dann »aktualisiert«, also mit neuen Programmen gefüttert ist, wird es diese genauso zuverlässig ablaufen lassen wie die alten und unerwünschten. Mentale Steuerung durch »gehirngerechtes« Denken bedeutet also nicht, gegen bereits vorhandene Programme anzudenken, sondern neue zu entwickeln.

Es ist ohnehin eine falsche Annahme, eine vorteilhafte persönliche Veränderung müsse damit beginnen, etwas bereits Vorhandenes in uns abzuschaffen oder – wie es heute schon heißt – zu »entlernen«. Dieses Wort klingt fast wie entsorgen und erinnert so an unliebsamen Müll. Echtes Selbstvertrauen wird nicht durch die Vorstellung von gefährlichem Abfall im eigenen Kopf genährt. In der Tat können wir nie wissen, für welchen Lebens- oder Problemkontext schon einmal vorhandene Programme zukünftig wieder sinnvoll sein könnten. Das Gehirn hat keine Fehler, sondern ermöglicht nur Fähigkeiten. Fehler und persönliche Nachteile können höchstens darin bestehen, daß die Fähigkeiten nicht im richtigen Zusammenhang auftreten oder sich nicht richtig entfalten. Organisch ist unser Gehirn mit seinen außergewöhnlichen Kapazitäten in der Lage, bis ans Lebensende unendlich viele neue Fähigkeiten zu speichern, ohne daß es jemals zu »Platzproblemen« kommt, die die »Entsorgungstheorien« erst rechtfertigen würden. Wir brauchen uns also nicht ständig »Sachen aus dem Kopf zu schlagen«, sondern wir sollten lieber zusehen, möglichst viel hineinzubekommen.

Denken Sie einmal an einen kleinen Jungen, der zum Geburtstag seine ersten Legosteine geschenkt bekommen hat. Er kann mit dieser Grundausstattung schon eine Garage für seine Matchboxautos bauen. Eines Tages träumt er davon, einen großen Legoflughafen zu bauen, wobei er natürlich mit dem vorhandenen Material nicht auskommen wird. Normalerweise wird er doch nicht denken: »Mit meinen Legosteinen kann ich nicht mal einen Flughafen bauen. Sie taugen nichts, also werfe ich sie in den Müll.« Selbstverständlich läßt er seine Grundausstattung unbeschadet und kümmert sich bei seinen Eltern um Nachschub. In der materiellen Logik denken Menschen viel sinnvoller als in der Logik psychischer Prozesse.

Quelle: Richard Bandler: Veränderung des subjektiven Erlebens – Fortgeschrittene Methoden des NLP. Junfermann Verlag, Paderborn 1990.

So kann die Lösung der Frage »Who is driving the bus?« nur sein, sich endlich an das Steuer des eigenen Busses zu setzen, anstatt auszusteigen, weil einem die Fahrt mißfällt. *Coach Yourself* gibt Ihnen das Know-how an die Hand, Ihren Bus tatsächlich an Ihr Ziel zu bringen und Ihre Probleme zu überholen.

Die Sinneskanäle:
Fünf Filter für die äußere und innere Welt

Unsere Umwelt nehmen wir über unsere fünf Sinne wahr: Wir sehen, hören, fühlen, riechen und schmecken. Dabei nehmen unsere Sinne viel mehr auf, als wir bewußt verarbeiten. So können Sie Ihre Schuhe oder Ihre Kleidung in diesem Augenblick fühlen, haben aber vielleicht kurz zuvor nicht bewußt an diese Empfindungen gedacht. Ebenso können wir uns mit einem Menschen unterhalten, und fünf Minuten später wissen wir oft nicht mehr, welche Kleidung er trug. Unser Gehirn wählt für uns aus, welche Wahrnehmungen wir bewußt bemerken und welche nicht.

Wir nutzen unsere fünf Sinne nicht nur zur Wahrnehmung der Dinge in der Außenwelt, sondern auch zur inneren Organisation unserer Gedanken. Sie können in diesem Moment die Buchstaben auf dem Papier sehen (externale Wahrnehmung), sich aber auch vor dem geistigen Auge ein bestimmtes Auto denken, das zur Zeit ganz woanders steht (internale Wahrnehmung). Sie hören external das Geräusch des Umblätterns dieser Seiten und sind gleichzeitig in der Lage, internal eine ganz bestimmte Melodie zu hören. Genauso verhält es sich mit dem Fühlen, Riechen und Schmecken. Die Organisation unserer Sinneskanäle benötigen wir für geistige Leistungen wie Erinnerung, Ideen und Zukunftsplanung. Vor allem benutzen wir sinnesspezifische Formulierungen in unserer Sprache, um uns mit anderen Menschen über innere Prozesse zu verständigen. »Es ist schwer« meint nicht unbedingt, daß tatsächlich schwere Lasten wie etwa Mehlsäcke getragen werden. Die Formulierung »Ist das klar?« fordert die Mitarbeiter nicht dazu auf, sich die Brille zu putzen, sondern etwaige Verständnisfragen zu stellen.

Über die fünf Sinneskanäle gelangen Informationen aus der Umwelt an unser Gehirn. In unserer Welt, unserer Gehirnwelt benutzen wir Sinneswahrnehmungen zur Orientierung. Daher werden auch im *Coach-Yourself*-Programm immer wieder die Sinneswahrnehmungen in verschiedenen Variationen konkret angesprochen und für das Selbstmanagement genutzt. Sehen Sie hier noch einmal die fünf Sinneskanäle und ihre Bezeichnung im NLP:

Benennung	Sinneswahrnehmung	Abkürzung
Visueller Kanal:	Sehen	V
Auditiver Kanal:	Hören	A
Kinästhetischer Kanal:	Fühlen (Körper)	K
Olfaktorischer Kanal:	Riechen	O
Gustatorischer Kanal:	Schmecken	G

Externale Ausrichtung der Sinne:
Wahrnehmung der äußeren Welt (Umwelt, andere Menschen usw.).

Internale Ausrichtung der Sinne:
Wahrnehmung der inneren Welt (Gedanken, Ideen, Phantasie).

Bandler und Grinder haben festgestellt, daß unsere Augenbewegungen darauf hinweisen, ob wir innerlich gerade in Bildern, Tönen oder Gefühlen denken. Es gibt sogar Hinweise darauf, ob wir uns an einen Sinneseindruck gerade konkret erinnern – wie etwa eine Idee. Wir haben für Sie in der folgenden Abbildung die Augenbewegungen festgehalten, die auf einen Rechtshänder zutreffen. Bei verschiedenen Menschen können die Muster auch individuell unterschiedlich sein. Unser Blick richtet sich nach oben, wenn wir in Bildern denken. Denken Sie hierzu an die Heiligendarstellungen in den Kirchen! Die Heiligen schauen fast immer nach oben, weil sie offensichtlich eine Vision haben. Im Auditiven bewegen sich die Augen im waagerechten Bereich, im kinästhetischen, körperlichen Denken sind Sie eher nach unten gerichtet. Für das *Coach-Yourself-*Training ist es nicht erforderlich, diese Augenbewegungen bei anderen Menschen exakt definieren zu können. Als Hinweis für Ihre Beobachtungsgabe im Umgang mit anderen Menschen ist dies jedoch eine interessante und beachtenswerte Information.
Für eine erste persönliche Erfahrung mit der bewußten Nutzung Ihrer Sinneskanäle lernen Sie im nächsten Kapitel eine Entspannungsübung.

Übung:
Zugangshinweise zu den Sinneskanälen über die Augenbewegungen

Wenn Sie die Augenbewegungen testen wollen, bitten Sie jemanden, sich als Übungspartner zur Verfügung zu stellen. Es kann sein, daß Ihr Partner vom vorgegebenen Schema abweicht. Es gibt Personen, bei denen das Schema genau spiegelverkehrt vorliegt. Weiterhin können sich pro Sinneskanal die Seiten von *konstruiert* und *erinnert* vertauschen. Deshalb ist es wichtig, sich hinsichtlich der Augenbewegungen auf jeden Menschen individuell einzustellen.

Zugangshinweise zu den Sinneskanälen über die Augenbewegungen

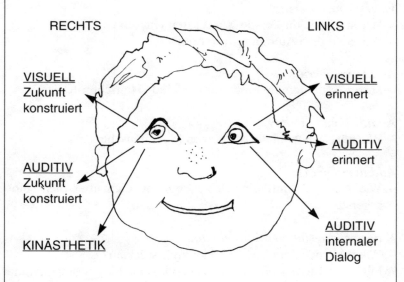

RECHTS

VISUELL
Zukunft
konstruiert

AUDITIV
Zukunft
konstruiert

KINÄSTHETIK

LINKS

VISUELL
erinnert

AUDITIV
erinnert

AUDITIV
internaler
Dialog

Augen starr (defokussiert) ins Weite:
Hinweis auf Trancezustand

Bewegungen der Nasenflügel – olfaktorisch
Bewegungen der Zunge, Lippen – gustatorisch

Quelle: Richard Bandler, John Grinder: Neue Wege der Kurzzeit-Therapie – Neurolinguistische Programme. Junfermann Verlag, Paderborn, 1991

Die Beispielsätze zeigen Ihnen, wie Ihre Fragen formuliert sein könnten.

Visuell erinnern:
- Welche Farbe hat dein Auto?
- Was hat deine Frau gestern angehabt?

Visuell konstruieren:
- Wie stellst du dir Person X mit roten Haaren vor?
- Wie sieht dein Auto in zehn Jahren aus?

Auditiv erinnern:
- Höre vor deinem inneren Ohr das Lied »Hänschen-Klein«

Auditiv konstruieren:
- Wie hört sich wohl die Musik von Marsmenschen an?

Auditiver Dialog:
- Wie redest du mit dir selbst, wenn du dich über dich selbst ärgerst?

Kinästhetische innere Wahrnehmung:
- Wie fühlt sich dein Lieblingskleidungsstück an?
- Fühlt sich für dich ein warmes Bad oder eine Dusche angenehmer an?

Trance, Entspannung und Schlaf zur Gehirnaktivierung

In unserer Gesellschaft herrscht die falsche Auffassung, tagträumende oder schlafende Menschen würden nichts Sinnvolles und Produktives leisten. Tatsächlich aber gibt es in der Gehirnforschung Hinweise dafür, daß unser Gehirn in diesen natürlichen Trance- und Schlafzuständen seine Aktivität gegenüber dem Wachbewußtsein steigert; denn in diesen bewußtseinsabwesenden Phasen erhöht sich der Kalorienverbrauch dieses wichtigen Organs erheblich. Das

Gehirn benötigt Schlaf und Trance zur Verarbeitung unserer alltäglichen Sinneseindrücke und auch zur Lösung unserer Konflikte. Den Satz: »Schlaf erst einmal drüber – morgen sieht die Welt ganz anders aus« kann man in diesem Sinne wörtlich nehmen.

Nicht nur Schlaf und gezielte Entspannung, sondern auch spontane Trancezustände wie Tagträume fördern die Gehirnaktivierung. Wir kennen alle Situationen, in denen andere Menschen uns laut ansprechen und wir die gehörte Information inhaltlich gar nicht aufnehmen. »Entschuldigung, ich war eben ganz woanders« oder »ganz in Gedanken« ist dann die umgangssprachliche Antwort. Kaum einer würde in so einem Fall von gelungener Selbsthypnose sprechen. Leider herrscht bei uns die Unsitte, den Träumenden aus seinen Gedanken zu reißen. Mit einem schlechten Gewissen entschuldigt sich der Tagträumer für seine geistige Abwesenheit.

Ein Speditionsbesitzer ärgerte sich schon seit Jahrzehnten darüber, nach dem morgendlichen Weckerklingeln regelmäßig noch eine dreiviertel Stunde wach zu liegen, ohne sich zu erheben. Er hatte diese Stunde stets als verlorene Zeit erlebt. Gemeinsam fanden wir heraus, daß er in diesen Morgenphasen tagträumend Zeitpläne entwarf, Unternehmensprobleme löste und seine Korrespondenz formulierte. Tagsüber hatte er sich diesen Dämmerzustand stets streng verboten.

Trance, Entspannung und Schlaf machen uns äußerst lernfähig und offen für neue Wege. Nicht von ungefähr kombiniert das Superlearning Entspannungszustände mit Informationsspeicherung. Deshalb sollten Sie spontane Trancen gezielt zulassen. Nutzen Sie beispielsweise lieber die Viertelstunde im Warteraum des Flughafens, um Ihre Gedanken schweifen zu lassen, anstatt mit der Tageszeitung zu knistern. Vielleicht lösen Sie in dieser Viertelstunde unerwartet ein Problem. Über eine gezielte »Heureka-Methode« durch die Nutzung von natürlichen Trancezuständen berichten wir mehr in Step 3.

Die wichtigsten Trainingseinheiten des *Coach Yourself* werden im Zustand nach innen gerichteter Gedanken der Kommunikation mit sich selbst erarbeitet. Für die optimale Nutzung der Inhalte empfiehlt sich die Beherrschung einer Kurzentspannungstechnik. Vielleicht haben Sie persönlich schon mit einer Entspannungstechnik wie dem autogenen Training gute Erfahrungen gemacht. Wenn Sie möchten, bleiben Sie natürlich bei Ihrer bewährten Methode. Versuchen Sie auch festzustellen, ob Sie mehr oder weniger unbewußt schon ganz intuitive Alltagstrancen einsetzen. Möglicherweise lassen Sie sehr gut beim Autofahren Ihre Gedanken schweifen, oder Ihnen hilft der Blick aus dem Fenster bei der Konzentration auf Ihr Inneres.

Ein Manager fand im Seminar zum Thema Entspannung endlich heraus, warum er so liebend gern seine Hemden selbst bügelt. Diese mechanische Tätigkeit ermöglicht ihm aufs beste, in Trance nachzudenken und Ideen zu entwickeln. Dieses Beispiel veranschaulicht, wie wichtig eine wirklich individuelle Form der Entspannung ist. Für Führungskräfte bietet es sich an, Entspannungsübungen auf Geschäftsreisen zu praktizieren.

Allerdings garantiert das Liegen mit der Möglichkeit zur Hochlagerung der Beine den intensivsten und schnellsten Entspannungseffekt. Leider verfügen die verschiedenen Beförderungsmittel wie Auto, Bahn und Flugzeug zur Zeit noch nicht über den nötigen Komfort. Auch fehlen gute audiovisuelle Serviceprogramme zur schnellen Regeneration der geistigen Fitneß der Reisenden. Hier sollten sich zukünftig die Reisemittel dem Menschen anpassen und nicht umgekehrt.

Wir möchten Ihnen im folgenden eine Entspannungsmethode vorstellen, die Ihre fünf Sinneskanäle für positive Wahrnehmungen aktiviert. Möglicherweise entdecken Sie dabei Ihren »Lieblingssinneskanal«; vielleicht reagieren Sie besonders intensiv auf Farben, Töne oder Körperwahrnehmungen. Auch ein Lieblingsgeruch oder -geschmack kann Kraftquellen aktivieren. So fand einer unserer Klienten heraus, daß er vor allem den Geschmack von Himbeeren mit einem positiven Gelassenheitsgefühl verbindet. Diese Entdeckung half ihm auch dabei, seine Angst vorm Fliegen erfolgreich zu überwinden. Einfache Himbeerbonbons vertreiben heute im Flugzeug seine furchtsamen Gedanken.

Gehen Sie die folgende Übung jetzt Schritt für Schritt durch. »Rosinenpicken« ist erlaubt. Sollten Sie beim Ausprobieren feststellen, daß Ihnen ein Übungselement besonders bei der

Entspannung hilft, so nutzen Sie diesen Teil intensiver als die anderen.

Übung:
Eine Kurzentspannung – Die Sinneskanäle als Kraftquellen
① Setzen oder legen Sie sich bequem hin.
② Schauen Sie sich mit den Augen in der Umgebung um: Welchen Gegenstand, welche Farbe mögen Sie jetzt am liebsten ansehen? Beachten Sie auch selbstverständliche Kleinigkeiten wie vielleicht eine türkisblaue Büroklammer oder leuchtende Armaturen. Verbinden Sie die Wahrnehmungen mit inneren Bildern: Das Türkisblau erinnert beispielsweise ans Meer, an den Sommer, die Sonne; die leuchtenden Gegenstände an einen klaren Sternenhimmel oder die berühmten Lichter, die einem aufgehen.
③ Nehmen Sie nun bewußt alle Geräusche wie Stimmen, Musik oder Lärm wahr, die es gerade zu hören gibt: vorbeifahrende Autos, Stimmengemurmel im Hintergrund, Uhrenticken, ein Gong usw. Was hören Sie am liebsten? Welche Töne lösen angenehme innere Regungen aus? Vielleicht erinnert Sie der Gong im Flughafen an ein tibetisches Kloster, das Stimmengewirr an einen sonnigen, unbeschwerten Ferientag im Freibad aus der Kindheit. Lassen Sie Ihrer Phantasie freien Lauf!
④ Denken Sie bewußt an Ihren Körper. Welcher Körperteil fühlt sich jetzt gerade am gesündesten und wohlsten an? Lassen Sie sich auch auf normalerweise ganz Unbemerktes ein, wie der dicke Zeh, der Stoff auf den Oberarmen oder gar die Nasenspitze, das Lederband der Uhr am Handgelenk. Warum empfinden Sie diesen Bereich als wohl und gesund? Ist es eine bestimmte Temperatur, eine angenehme Schwere oder Leichtigkeit, ein gesundes Ruhe- oder auch Kribbelempfinden? An welche schönen Bilder oder Orte erinnern Sie diese Gefühle?
⑤ Machen Sie nun eine Reise durch die Geruchs- und Geschmackswelt. Auch wenn Sie jetzt nichts Besonderes schmecken, riechen und schmecken Sie innerlich. Denken Sie nicht nur an kommerzielle Wohlgerüche wie Parfüm, sondern auch an Dinge wie ofenfrisches Brot oder gemähtes Gras. Ent-

decken Sie Ihre Vorlieben: verschiedene Früchte, Getränke und Aromen wie Pfefferminz, Vanille usw.

Hinweise zur Übung:

- Versuchen Sie nicht, unangenehme Wahrnehmungen krampfhaft abzuschalten. Nutzen Sie gezielt Assoziationen, um sich von der störenden Wahrnehmung weg zu schönen und entspannenden Gedanken zu bewegen. Vielleicht befindet sich unter all den Autos, deren Lärm Sie als störend empfinden, eine Familie, die schon morgen einen wunderbaren Urlaubsort erreicht. Wie sieht es dort aus? So wird die vormals störende Wahrnehmung mit zum Bestandteil für die kraftspendende Phantasie.
- Diese Übung läßt sich nicht nur in der entspannten Liegeposition durchführen, sondern auch in den Berufsalltag integrieren. Sie können Sie unbemerkt während einer Konferenz einsetzen, ohne daß man raten kann, was Sie da gerade treiben. Selbst beim Autofahren können Sie die Übungsschritte während einer Reise ablaufen lassen, anstatt Radio zu hören oder mit dem Beifahrer zu sprechen.

Ziele und Körper:
Die Zielphysiologie

Wenn wir erfolgreich an einem Ziel angekommen sind, versetzt uns dieses Erlebnis in einen äußerst positiven mentalen Zustand, der sehr treffend mit den Äußerungen »Ich könnte die ganze Welt umarmen« oder zumindest doch »Bäume ausreißen« charakterisiert wird. Diese Sätze beschreiben den außerordentlich kraftvollen psychischen Zustand nach Erreichen eines Erfolges. Machen Sie sich zum Vergleich den immensen Unterschied zu folgendem Bild bewußt: »Die Arbeit wächst mir über den Kopf.« Im Gegensatz zum Weltumarmer werden Sie mit diesem Satz mental zum kleinen Wicht. Da sacken Schultern und Kopf beim bloßen Gedanken schon nach unten. Denn es gibt keinen psychischen Zustand, der nicht mit einem körperlichen, also einem physiologischen Zustand einherginge. Physiologische »Programme« unseres Körpers sind beispielsweise die Durchblutung, der Herzschlag, die Körperhaltung, die Muskelspannung und der Stoffwechsel. So kann das seelische Erleben des Weltumarmers automatisch mit einem tiefen Atemzug einhergehen. Es gelangt mehr Sauerstoff in die Lungen und letztendlich ins Gehirn. Kreatives und innovatives Denken wird erleichtert.

Die Spiegelung seelischer Befindlichkeit im Körperlichen nennt man psychophysiologische Zustände, der Einfachheit halber als *Physiologien* abgekürzt. In der Sprache des NLP heißt der körperlich-seelische Erfolgszustand eines Menschen die *Zielphysiologie.* Wir bringen Führungskräften bei, sich schon bei der Zielplanung intensiv psychophysiologisch in den Zielzustand zu versetzen. Denn in der Zielphysiologie ist das Gehirn von seinen organischen Möglichkeiten her in der Lage, die dem Ziel im Wege stehenden Probleme zu lösen. Psychische Zustände stehen in enger Verbindung mit dem Stoffwechsel des Gehirns. Zur Reizleitung zwischen den Gehirnzellen sind bestimmte im Körper produzierte chemische Transmitterstoffe erforderlich. Ihre jeweilige Zusammensetzung entscheidet über die momentane Denkfähigkeit des Menschen. Die optimale Denkfähigkeit zum Erreichen von persönlichen und beruflichen Zielen ist schon von der ersten Zielplanungsphase an erforderlich – selbst wenn der Erfolg erst geraume Zeit später eintreten soll.

Den Zusammenhang zwischen körperlichem Erleben und den gedanklichen Ressourcen zeigt Ihnen ein Beispiel aus dem Alltag. Könnten Sie jetzt spontan einen Witz erzählen? Vielleicht erinnern Sie sich an einen oder zwei, vielleicht auch an keinen. Sollten Sie demnächst in einer privaten Runde erleben, wie irgend jemand anfängt, einen guten Witz zu erzählen, werden Sie und die anderen Anwesenden beim Lachen sich an Witze erinnern. Vielleicht werden Sie dann zehn Witze erzählen, von denen Sie jetzt beim Lesen dieser Zeilen gar nicht ahnen, daß Sie diese noch auswendig können. Erst wenn Sie und andere Menschen sich in der »Witzphysiologie« (Spaßen, Lachen, Atmen) befinden, öffnet das Gehirn die Schleusen des »Witzfundus«. Die »Lesephysiologie« (Sitzen, Liegen, ruhiges Atmen, ernsthaft-aufmerksame Gedanken) regt das Gehirn schon rein organisch nicht zur Erinnerung von Witzen an.

Die Zielphysiologie muß nicht in jedem Fall ein freudiges Erlebnis sein. So hatte eine Klientin den Wunsch, wirklich überzeugend auch einmal nein sagen zu können, wenn andere zuviel von ihr verlangten. Als Sie sich mental in den Zustand der Abgrenzung versetzte, machte sie auch äußerlich einen sehr unnahbaren, respektvollen Eindruck. Die Zielphysiologie entwickelt sich also jeweils passend zum persönlich angestrebten Erfolg. Zielmanagement steht im Vordergrund der *Coach-Yourself*-Methode. Gutes Coaching durch andere oder sich selbst bedeutet das intensive Mentaltraining der Zielphysiologie. Hierzu ist der Einsatz des Denkens und der Sprache erforderlich, wie die folgenden Kapitel zeigen werden.

Zielmanagement – Probleme überholen lernen

In der Theorie und in der Anwendung von *Coach Yourself* ist die Zielorientierung wichtigstes Merkmal. Den Schwerpunkt auf das Zieldenken zu setzen heißt nicht, den gegenwärtigen problematischen Zustand, den *Present State,* zu tilgen. Jeder Weg zum Ziel beginnt an seinem Ausgangspunkt.

Für ein zügiges »Auf-den-Weg-Machen« ist jedoch die erste Voraussetzung, ein Ziel oder den *Desired State* definiert zu haben. Dies gilt nicht nur für Unternehmensergebnisse, sondern auch für individuelle und persönliche Ziele, die Sie erreichen möchten. Um eine Zielbefindlichkeit zu erreichen, müssen Sie sich schon im Present State mental in den Zielerfolg versetzen können. Nur wer sich erfolgreich fühlt, kann einen Erfolg auch denken.

Die klare *Zieldefinition* ist für das Gehirn das geeignete Kursinstrument auf dem Weg zur Veränderung. Machen wir uns noch einmal bewußt: Sie wollen sich mit *Coach Yourself* durch gezielte »Gehirnbenutzung« selbst an das Steuer Ihres Busses setzen. Dazu müssen Sie die Gehirnfunktionen der Wahrnehmungsverarbeitung kennen und nutzen lernen. Für die *Zieldefinition* ist es wichtig zu wissen, daß das Gehirn spontan eine Negation wie ein »Nein« ganz anders als erwünscht bearbeitet. Machen Sie den Test: Denken Sie jetzt bitte *nicht* an einen großen Elefanten. Und spontan präsentiert Ihnen

Ihr Gehirn dieses große graue Tier. Auf diese Art und Weise machen Sie Probleme zu Elefanten, die unverrückbar auf dem Erfolgsweg stehen und die freie Sicht auf das Ziel verhindern. Überprüfen Sie im Alltag, wie oft Sie einem Mitarbeiter ein Ziel mit Negationen beschreiben:»Ich möchte auf keinen Fall, daß nachher dies und jenes eintrifft« oder»vermeiden Sie bitte . . .«

Psychologen und Pädagogen weisen schon lange darauf hin, wie ungünstig es ist, zu einem Kind zu sagen:»Paß auf, du fällst gleich hin. Stolpere nicht!« In dem Moment, wo das Wort»Stolpern«fällt, muß das Kind erst einmal begreifen, was Stolpern eigentlich ist. Das Gehirn aktiviert nun alles Wissen, das es zum Thema»Stolpern«programmiert hat.»Aha, da muß man also die Füße so nachlässig über den Boden schleifen, damit sie an einem Stein hängenbleiben!« Und da das Denken an eine Körperreaktion und deren tatsächliche Auslösung von denselben Gehirnarealen gesteuert wird – stolpert das Kind. Der Muskeltonus ist sofort als Reaktion auf den Gedanken erschlafft, und das Kind hob den Fuß nicht mehr ausreichend an. Wir haben es bei diesem Beispiel nicht mit einem Phänomen der Magie zu tun, sondern mit einer schlichten Falschprogrammierung des Gehirns. Es tritt das ein, wovor das Kind geschützt werden sollte.

Unserem Gehirn muß ein Ziel zunächst einprogrammiert werden, bevor es das Erreichen des Zieles organisieren kann. Die Programmierung sollte möglichst»gehirngerecht«und genau sein: Nicht nur innere Bilder, sondern auch die Qualität der inneren Bilder beeinflussen den Erfolg. Allerdings reichen Bilder noch lange nicht aus – auch das Körpergefühl und vor allem die Sätze und Formulierungen, die den Zielzustand bestimmen, müssen»richtig«vorprogrammiert werden.

Auf dem Weg zum Ziel befinden sich in der Regel Barrieren und Blockaden, die wir Probleme nennen. Daher gehört zur erfolgreichen Programmierung auch die Abwägung etwaiger negativer Folgen, die beim Erreichen des Ziels möglicherweise eintreten könnten. Eine zu starke Beschäftigung mit den Problemen birgt jedoch die Gefahr, sich mental so weit in die Problemwelt – die *Problemphysiologie* – zu steigern, daß das Gehirn nur noch an den Wust der Schwierigkeiten denkt. Das führe zum»Sackgassendenken«, dem

Stuck-State: Das Gehirn ist physiologisch kaum noch in der Lage, Lösungen zielgerecht zu denken.

Vergleichen Sie den Stuck-State oder die Stuck-Physiologie mit dem Zustand des Beleidigtseins bei sich oder anderen. Ist man gekränkt, gerät der Betroffene stets an den Punkt, wo er selbst sehr genau weiß, eigentlich hilft weder Schweigen noch Schmollen. Dennoch fällt der Ausweg aus der Physiologie des Beleidigtseins unendlich schwer. Selbst wenn man aufhören möchte, bleibt der Zustand bestehen. Eine ähnliche Magnetwirkung kann auch die Problemphysiologie auf das menschliche Denken und Handeln ausüben.

Zur Vermeidung dieser »Zwickmühle« sollten Sie gleich zu Beginn eines Veränderungswunsches die Probleme vom zeitlichen Ablauf her »überholen«. Fangen Sie sowohl bei persönlichen Zielen als auch bei Unternehmenszielen immer mit der Frage an:»Was ist mein/unser Ziel?« Richten Sie Ihr inneres und äußeres Erleben auf den von Ihnen gewünschten Zielzustand. Schon nach kurzem Training werden Sie wahrnehmen, daß Sie sich dabei automatisch in dem kraftgebenden Zustand der *Zielphysiologie* befinden, der an sich schon ein besonderes Erlebnis darstellt und zudem eine gute Basis für eine effektive mentale Veränderungsarbeit ist. Erst wenn Ihr Ziel stark genug in Ihnen verankert ist, können Sie es allen Problemen zum Trotz erreichen. Vergleichen Sie das Zieltraining mit der Probefahrt vor dem Autokauf. Erst nach einer Probefahrt – der Beschäftigung mit dem Zielzustand – ist die Zielphysiologie so stabil in Ihnen, daß Sie entscheiden können, ob der Kaufpreis das Ziel – ein neues Auto – rechtfertigt oder nicht.

Wie Probleme mit dem Zieldenken wirklich überwunden werden, zeigt Ihnen ein anderes Beispiel. Der Personalleiter eines Pharmakonzerns wünschte sich schon seit Jahren, mehr für sein körperliches Wohlergehen zu tun. Sein Ziel war es, eine Kampfsportart zu erlernen sowie Muskeltraining zu betreiben. Auf seinem Weg zur Arbeit gab es ein gepflegtes Fitneßcenter mit Angeboten, die genau seinen Vorstellungen entsprachen. Er hatte schon mehrmals mit dem Training begonnen. Doch nach jedem schwungvollen Einstieg schmolz die Motivation dahin. Er war der Auffassung, an mangelndem Durchhaltevermögen zu leiden. Wir dagegen meinten, daran könne es nicht liegen, da er in anderen Lebenszusammenhängen eine eher überdurchschnittliche Ausdauer zeigte.

Mit Hilfe der klaren Zieldefinition versetzte er sich in die Zielphysiologie des erfolgreich durchtrainierten Kampfsportlers. Mit diesem Zielbewußtsein tauchte plötzlich ein ganz anderer Gedanke auf. Er erlebte das Trainingsergebnis vorweg auch psychisch als einen sehr kraftvollen Zustand, in dem er blitzschnell auf andere reagieren würde. Damit war die Befürchtung verbunden, aus einem Überlegenheitsgefühl heraus vorschnell bei Auseinandersetzungen am Arbeitsplatz aggressiv zu werden. Nachdem wir in gemeinsamer Arbeit ein gezieltes mentales »Vorsichtsprogramm« entwickelt hatten, war seine Motivation plötzlich ungebrochen. Sein Motivationsproblem war also die Angst vor unbewußten negativen Konsequenzen. Ohne die intensive Beschäftigung mit dem Ziel hätte er sich vielleicht unnötigerweise zum Durchhalten gezwungen, anstatt die Zielblockade zu überwinden.

Zielmanagement ist sowohl für Ihr Selbstmanagement als auch für das Erreichen von Unternehmenszielen wichtig. Richten Sie dieses Zieldenken zunächst auf Ihre persönlichen Anliegen. Die Ausweitung der zielorientierten Grundhaltung zum Wohle der Unternehmensführung findet dann später ganz selbstverständlich statt.

Die klare Zieldefinition

Das persönliche Ziel genau zu erkennen, zu wissen, wie die Zielbefindlichkeit aussehen und sich anfühlen soll, ist für das mentale Selbstmanagement von entscheidender Bedeutung. Bei der inneren Formulierung Ihres Zieles sind wenige für die gehirngesteuerte Wirksamkeit entscheidende Punkte zu beachten.

Die klare Zieldefinition soll
– *keine Vergleiche und keine Negationen enthalten.*

Sie soll
– *sinnesspezifisch und möglichst konkret sein.*

Das definierte Ziel soll
- *von Ihnen aufrechterhalten werden können, und seine Auswirkungen sollen nur von Ihnen und nicht von anderen aktiviert werden können.*

Es soll
- *auf einen bestimmten Kontext hin zugeschnitten sein, in dem der Zielzustand auch wirklich angebracht ist.*

Das folgende Beispiel erläutert die genannten Kriterien. Einer unserer Seminarteilnehmer formulierte als Problem: »Ich ärgere mich immer viel zu sehr – schon über Kleinigkeiten. Das macht mir schlechte Laune und überträgt sich natürlich auch auf die Mitarbeiter.«

Hierzu nun einige Zieldefinitionen:
»*Mein Ziel ist, mich nicht mehr über jede Kleinigkeit zu ärgern.*«
Diese Formulierung enthält eine Negation und ist weder sinnesspezifisch noch kontextbezogen gestaltet.

»*Mein Ziel ist, daß ich mich viel, viel weniger ärgere.*«
Diese Formulierung ist eigentlich ein Vergleich. Das Gehirn denkt häufig weiter, als Sie bewußt ahnen. Der Vergleich ist unausgesprochen und heißt zu Ende gedacht:

»*. . . viel weniger ärgere, als ich es jetzt tue.*«
Diese Umschreibung bezieht sich wieder auf den »*Present State*«, somit konzentriert sich das Gehirn wieder zu sehr auf das Problem selbst statt auf das Ziel.

»*Wenn ich mein Ziel erreicht habe, bemerke ich das daran, daß meine Mitarbeiter viel freundlicher zu mir sind.*«
Hier wird das Ziel nicht bewußt selbst angestrebt und aufrechterhalten. Das Gehirn erhält keinen Hinweis darauf, was in der Person selbst ablaufen muß, um diese Reaktion der Mitarbeiter zu erreichen.

»Mein Ziel habe ich erreicht, wenn ich immer innerlich ruhig und gelassen bin. Die Ruhe würde als warmes, leichtes Gefühl vom Magen ausgehen und sich in Wellen ausdehnen. Die Gedanken in meinem Kopf bewegen sich wie ein langsamer innerer Walzer. Bildlich ausgedrückt, könnten helle Pastellfarben zu dieser Stimmung passen.«

Dies ist eine individuelle, konkrete und sinnesspezifische Formulierung. Das Gehirn erhält dadurch eine optimale Organisationshilfe zur effektiven Verwirklichung des Zieles. Nur ein Kriterium ist noch unerfüllt: Der Kontext ist nicht genau bestimmt. Es ist durchaus fraglich, wie sinnvoll oder »ökologisch« es ist, immer ruhig zu sein. Stellen Sie sich vor, der Seminarteilnehmer würde beim Kauf einer Ware um sein Wechselgeld betrogen und könnte sich jetzt nicht mehr aufregen oder ärgern. Oder einer seiner Mitarbeiter kommt plötzlich ständig eine Stunde zu spät zur Arbeit, weil er die immerwährende Ruhe des Vorgesetzten mit »Trotteligkeit« verwechselt. Daher müßte diese Formulierung noch durch den Kontext ergänzt werden:

»Ich möchte ruhig sein, wenn es angemessen ist. Besonders wichtig ist das, wenn ich meine Mitarbeiter motivieren möchte oder in einer Streßsituation als Vorbild Ruhe ausstrahlen will.«

... und ...

»Ich möchte die Fähigkeit, aufgeregt sein zu können, in bestimmten Situationen behalten: Wenn ich z. B. ungerecht behandelt werde oder wenn ich in eine Notsituation (z. B. Feuer bricht aus) gerate.«

Zunächst fragen sich viele Seminarteilnehmer, wie wichtig diese sorgfältige sprachliche Formulierung von persönlichen Zielen überhaupt ist. Wir verdeutlichen diese Frage anhand des folgenden Vergleichs: Stellen Sie sich vor, Sie geben einem Architekten einen Auftrag für Ihr Traumhaus. Der Architekt kann Ihr Ziel, das Eigenheim, nur sinnvoll umsetzen, wenn zum Schluß ein detaillierter Plan vorliegt. Hinweise wie »im Arbeitszimmer keinen grauen Teppich« würde Ihnen als Architekt in diesem Zusammenhang einfach nicht ausreichen. Zudem kann man diesen Satz auch nicht als Bestelltext beim Raumausstatter aufgeben. Bedenken Sie, daß im übertragenen Sinne Ihr Gehirn der Architekt Ihrer Erfolge ist. Nutzen Sie es deshalb zu klaren Zieldefinitionen und griffigen sprachlichen Formulierungen Ihrer Gedanken.

Den Erfolg dieses Vorgehens schilderte uns eine Coaching-Klientin so: »Ich wußte gar nicht, wie bedeutsam dahingesagte Sätze sind. Wenn man ›grau in grau‹ sagt, so denkt man diese Farbe innerlich tatsächlich und fühlt sich körperlich auch entsprechend. Für mich war es beeindruckend, Selbstsicherheit nicht nur als Gedanken im Sinne eines Vorsatzes zu erleben, sondern auch als ein intensives Körpergefühl.

Ich empfinde ein sehr warmes, weites Gefühl in der Magengegend, das ich spontan mit der Farbe Sonnengelb in Verbindung bringe. Zur Erinnerung an diese Empfindung benutze ich gelbe selbstklebende Punkte, die wir üblicherweise für die Ordnung im Büro einsetzen. Ich klebe diese Punkte an alltägliche Blickfänge: Kalender, Terminal, Telefonhörer. So werde ich stets für Sekunden an das entscheidende Gefühl erinnert. Von diesen Punkten geht für mich eine richtige Kraft aus.«

Es ist wichtig, ganz individuelle Inhalte für Ihre Zieldefinition zu bestimmen. Besonders wirkungsvolle Inhalte können durchaus auch von der Norm abweichen. Es müssen nicht immer Sonne, Palmen und Meer positive Auslöser in der inneren Vorstellung sein. So hatten wir einen Seminarteilnehmer, der tatsächlich bei der Vorstellung der Farbe Grau aufblühte. Als Referenzerfahrung dachte er an eine unvergeßlich erfolgreiche Verhandlung, die er einst an einem trüben, regnerischen Tag führte. Beim Heimflug hatte er in die grauen Wolken geschaut und sich innerlich gefeiert. So wurde für ihn die Farbe Grau zum unbewußten Kraftspender. Nach dem Seminar setzte er diese Erkenntnis gezielt ein.

Bei der folgenden Übung werden Sie gebeten, einen Zielzustand sinnspezifisch zu beschreiben. Dabei kommt es auf die bildhafte Umsetzung Ihres Ziels an.

Künstler setzen ihr inneres Erleben mit Farben, Tönen und Formen um. Jeder Mensch kann sein inneres Gefühl auch mit einer Farbe, einem Bild, einem Ton oder einem Rhythmus beschreiben. Umgekehrt können Sie oft beim Anblick eines Bildes intuitiv erfassen, ob sich der Künstler während des Malens eher gut oder schlecht fühlte. Hören Sie im Nebenzimmer einen Fernseher laufen, so können Sie anhand der Stimmen, Geräusche und der Musikuntermalung gefühlsmäßig die Atmosphäre der Szene erraten: Liebes- oder Mordszene, Verfolgungsjagd oder wunderschöne Landschaft. So sollen Sie auch Ihr Innenleben mit Hilfe der folgenden Übung bestimmen lernen.

Übung:
Die »gehirngerechte« Formulierung eines persönlichen Zieles

1. Suchen Sie sich bitte ein persönliches Ziel, das Sie mit Hilfe des *Coach-Yourself*-Trainings für sich erreichen möchten. Ein solches Ziel könnte sein:
   - ein Zustand wie beispielsweise innere Ruhe, Wachsein am frühen Morgen, Konzentrationsfähigkeit in bestimmten Situationen, gute Laune oder
   - eine Fähigkeit bzw. Fertigkeit, z. B. eine Fremdsprache flüssig sprechen, Sportlichsein, überzeugend auftreten und ähnliches.

2. Wann will ich mich wo, wem gegenüber, wie verhalten, wie fühlen und sein? Bedenken Sie:
   - Keine Vergleiche: besser als, gesünder . . .
   - Keine Negationen: nicht so nervös, nicht so müde usw.

   Wo? . . . .
   Wem gegenüber? . . . .
   Wie verhalten? . . . .
   Wie sein (Befindlichkeit)? . . . .

3. a) Was werde ich innerlich *(internal)* wahrnehmen, wenn ich mein Ziel erreicht habe?

   Sehen (Farbe, Bild, Licht) . . . .
   Hören (Stimmen, Klänge, Geräusche) . . . .
   Fühlen (Körperbereich, Temperatur, angenehm leichtes oder schweres Gefühl) . . . .
   Riechen (Naturgeruch oder Parfüm) . . . .
   Schmecken (Aroma oder Geschmack) . . . .

b) Wie genau werde ich die Einzelheiten wahrnehmen?
  - Assoziieren Sie, bauen Sie sich »Eselsbrücken« wie bereits in der Kurzentspannung. Finden Sie passend anschauliche Beschreibungen und Vergleiche für die Sinneswahrnehmungen.
  - Vielleicht denken Sie auch an *Referenzerfahrungen*? Das sind frühere Erlebnisse, in denen Sie das gewünschte Verhalten oder die Befindlichkeit schon einmal persönlich erlebt haben.

④ Suchen Sie sich bitte mindestens eine der eben erarbeiteten Wahrnehmungen heraus, die Sie dann als *Anker* für ihr mentales *Zieltraining* nutzen können, z. B.:

Farbe:	Ton:
Gefühl:	Geruch:
Geschmack:	Code/Erinnerungsbegriff:

⑤ Bestimmen Sie für sich einen *Anker,* den Sie auch im Problemkontext immer wieder sehen (Schreibtischutensil, Armbanduhr, Merkpunkte etc.).

Hinweis zur Übung:
- Als einen Anker bezeichnen wir eine Sinneswahrnehmung, die uns an bestimmte Erlebnisse erinnert und in uns die Erlebnisbefindlichkeit wieder auslöst. So kann eine Farbe eine wichtige Bedeutung haben, ein spezielles Musikstück in uns ein positives Gefühl auslösen. Gegenstände wie beispielsweise Talismane haben für viele Menschen eine ganz bestimmte Bedeutung. Gerüche sind Anker, die vor allem unbewußt sehr stark wirken.

Zeit vergeht nicht – sie entsteht!
Das zukunftsorientierte Arbeiten mit der Timeline

Wahrscheinlich sind wir Menschen die einzigen Lebewesen, die das Phänomen »Zeit« überhaupt denken können. Die innere Organisation unserer Gedankenwelt erlaubt uns, zwischen Erinnerungen und Zukunftsbildern zu unterscheiden. Wir können internal vergegenwärtigen, was vor drei Jahren war oder sich morgen ereignen wird. Der Gedanke »Zeit vergeht nicht – sie entsteht!« ist frei von dem Philosophen Martin Heidegger übernommen. Psychologisch gesehen, hat diese Auffassung von Zeit einen außergewöhnlichen Effekt auf die aktive Organisation persönlicher und unternehmerischer Ziele. Unser Lebensweg verläuft linear in der Zeit. Davon ausgehend, daß die Zeit vergeht, wir zuviel Zeit verloren haben, beschäftigen wir uns zwangsläufig mit der Vergangenheit und ungenutzten Gelegenheiten. In Heideggers Denken wird die Zeit zu einer unerschöpflichen Quelle. Bei einer unerschöpflichen Quelle kann auch gut und gerne etwas den Bach herunterfließen, und es ist trotzdem noch genug da. Das Handeln wird aufgrund dieser inneren Haltung gelassener und überlegter. Die Zukunft wird zu einem stabilen Faktor, der sorgfältig und aktiv gestaltet werden kann. Das bedeutet für den Lebensweg, daß wir den Blick tatsächlich in die Zukunft richten können und aufhören, ihn in die Vergangenheit zu wenden.

In unserem westlichen Kulturkreis gilt unausgesprochen der Konsens, der zeitliche Ablauf bewege sich linear von links nach rechts. Beim Lesen und Schreiben finden wir die Parallele zur Zeitrichtung. Die Menschen im Orient denken Zeit der Tendenz nach von rechts nach links und die Asiaten gar von oben nach unten verlaufend. Bei diesem Zeitdenken handelt es sich natürlich um einen kollektiven Trend und nicht um eine für jeden Menschen des entsprechenden Kulturkreises feststehende Gesetzmäßigkeit. In jedem Falle sprechen wir von einer *Timeline,* die jeder Mensch in seiner inneren Welt unbewußt oder bewußt hat.

Wenn Sie selbst eine persönliche Veränderung anstreben, ist der auf die klare Zieldefinition folgende Schritt die internale Plazierung der Zielvorstellung auf Ihrer Timeline. Es ist wichtig, sich ein solches Ziel zunächst in einer zeitlichen Entfernung auf dem Lebensweg vorzustellen und es *dissoziiert,* d. h. von außen zu betrachten. Sie erleben dadurch die Freiheit, sich *ökologisch,* d. h. angstfrei auf die Veränderung einstellen zu können. Wir sprechen nicht nur von der Ökologie der Natur, sondern in der Sprache des NLP auch von der inneren Ökologie eines einzelnen Menschen. Es gibt keine persönliche oder äußere Veränderung, die nur positiv für unsere gesamte Ökologie ist. Angenommen, Sie hätten das Ziel, ruhig und gelassen zu werden. Es könnte nun sein, daß Ihr lebhaftes Temperament für andere Menschen so etwas wie Ihr persönliches Markenzeichen geworden ist. Man erkennt Sie daran und würde Ihnen den ruhigkühlen Typ einfach nicht abkaufen. In diesem Fall wäre es wichtig, trotz der sicher wichtigen Veränderung Ihre persönliche Identität zu wahren.

Mit der Orientierung an der Timeline wird der sogenannte *Future-Pace* möglich: die »Zukunftsreise«. Diese mentale Technik erlaubt Ihnen durch *Assoziation,* also dem gedanklichen Einswerden mit dem Ziel, die veränderte Zukunft im voraus zu durchleben. So werden Sie auf mögliche negative Folgen vorbereitet und erhalten die Gelegenheit, ihnen vorzubeugen.

Sie können dieses Vorgehen wieder mit der Probefahrt beim Autokauf vergleichen. Wenn Sie sich für ein bestimmtes Modell interessieren, ist die Testfahrt mit dem Future-Pace vergleichbar: Sie assoziieren unverbindlich und ohne Kaufzwang den Zielzustand. Sie nehmen diese Erfahrung mit nach Hause und können in Ruhe das zukünftige Erlebnis auswerten. Es steht Ihnen frei, noch weitere Testfahrten mit anderen Modellen zu unternehmen oder sich bewußt und gelassen auf bestimmte negative Konsequenzen einzustellen, ohne von Enttäuschungen überrascht zu werden. Wenn Sie beispielsweise bemerkt haben, daß das Testmodell recht reparaturanfällig ist, Sie aber bei der Future-Pace-Testfahrt den Komfort sehr genossen haben, können Sie sich möglicherweise schon in der Gegenwart entschließen, eine eventuelle Reparatur relativ gelassen zu ertragen. Diese Auswertung nennen wir übertragen auf persönliche Prozesse den *Ökologie-Check* oder der Kürze halber Öko-Check.

Eine persönliche Veränderung kann und sollte nicht ad hoc erfolgen, wenn sie sich auf eine allgemeine Verbesserung Ihrer persönlichen Ökologie förderlich auswirken soll. Mentale Veränderungsprozesse sind immer mit einem organischen Aufwand verbunden: Neuronale Verknüpfungen müssen aufgelöst, neu gebildet, verstärkt oder vermindert werden. Es müssen sich also neue Gedächtnisspuren bilden. Insofern ist es sinnvoll, einer Veränderung einen angemessenen Zeitraum zuzubilligen. Es ist möglich, eine Veränderungsarbeit in der Gegenwart vollständig abzuschließen, obwohl sich das Ergebnis erst in der Zukunft einstellen wird. Wir nennen dieses Prinzip in Abwandlung vom Wort Thermostat den *Neurostat-Effekt*. Ich kann meinen Heizungsthermostaten mit einem schnellen und einmaligen Griff von 23° C auf 15° C Raumtemperatur herunterschalten – vollständig abgeschlossene Veränderungsarbeit – und muß dennoch einige Zeit warten, bis die physikalischen Gesetzen unterliegende Veränderung zum gewünschten Effekt geführt hat. In unseren Seminaren und den Einzel-Coachings bauen wir die Timelines unserer Klienten regelrecht im Raum auf. Wir markieren auf dem Fußboden die Gegenwart sowie den Zeitpunkt des Zieles und bitten die Teilnehmer, die verschiedenen zeitlichen Standpunkte auch räumlich zu erleben, indem sie sich auf das Ziel hinbewegen. So einfach diese Übung erscheint, so nachhaltigen Erfolg kann sie haben. Einer unserer Teilnehmer hatte als Topmanager das typische Zeitproblem. Er hatte einfach wesentlich mehr berufliche und persönliche Projekte, als ihm Zeit dafür zur Verfügung stand. Im Seminar wollte er als Coaching-Thema ein ganz persönliches Ziel erarbeiten und baute die Timeline entsprechend im Raum auf. Als er sich dann mit dem Ziel assoziierte und vom Zielpunkt aus auf die Gegenwart zurücksah, machte er eine interessante Entdeckung: Vom Ziel aus gesehen wirkte die zurückgelegte Zeitstrecke wesentlich kürzer, als er sie subjektiv immer empfunden hatte. Mit dieser neuen Erfahrung ging er dann zum Ausgangspunkt Gegenwart zurück und blickte nach vorn. Als Ergebnis hob er die Zukunftsmarkierung vom Boden auf und verlegte sie mit einem überzeugten Gefühl um zwei Jahre weiter nach vorn in die Zukunft hinein. Jeder, der echte Zeitprobleme kennt, kann sich den enormen Gewinn ausmalen, den dieser Manager im Moment der Zielverlegung um zwei Jahre empfand.

Eine andere Seminarteilnehmerin erlebte mit der Arbeit auf der Timeline eine große Überraschung. Sie war wegen eines bestimmten Coaching-Themas zu unserem Seminar gekommen. Der Übung gemäß baute sie sich das Ziel in der Zukunft auf und begab sich guten Mutes in den Future-Pace hinein. Kaum hatte sie sich richtig mit dem Erfolg assoziiert, machte sie für alle anderen wahrnehmbar ein recht enttäuschtes Gesicht. »Mir fehlt jetzt was«, stellte sie verblüfft fest. Die Auswertung ergab, daß sie bisher nie bewußt empfunden hatte, wie sehr sie den Zustand der Herausforderung braucht, um sich wohl zu fühlen. In der Psychologie spricht man hier von positivem Streß. Positiver Streß ist beispielsweise das folgende Phänomen: Exotische Tiere im Zirkus haben oft eine längere Lebenserwartung als ihre Verwandten im Zoo, obwohl letztere eine viel schönere Umgebung genießen. Anforderungen können auch gesundheitserhaltend und lebensverlängernd wirken. Ohne die räumlich-reale Beschäftigung mit der Timeline wäre besagte Teilnehmerin vielleicht nicht – oder erst sehr viel später – zu dieser Selbsterkenntnis gelangt.

Übung:
Paßt mein Ziel »ökologisch« in meine Zukunft?
Wir empfehlen, die persönliche Timeline im Raum mit Hilfe von Markierungspunkten zunächst wirklich aufzubauen.

① Bestimmen Sie Ihre Timeline im Raum, und *kalibrieren* Sie die angestrebten Zeitpunkte auf die Raummaße.

② Legen Sie entsprechend der nachfolgenden Abbildung die Punkte für
   – die Gegenwart und
   – den Zeitpunkt des Veränderungseffektes fest.

③ Vor und hinter diesen Punkten lassen Sie bitte auch noch Platz. Sie stellen sich auf den Gegenwartspunkt und nehmen das Ziel zunächst *dissoziiert,* d. h. von außen betrachtet wahr.

④ *Future-Pace* (Probefahrt): Sie assoziieren sich mit dem Zielpunkt und gehen bewußt in die Zielphysiologie. Sie achten beim Future-Pace immer auf eine *symmetrische Körperhaltung.* In Gedanken gehen Sie die verschiedenen Zusammenhänge, in die die Veränderung hineinwirken wird, durch.

⑤ Sie betrachten vom Zukunftspunkt die Gegenwart und vollziehen den Veränderungsprozeß aus dieser Sicht nach.

⑥ Sie gehen auf den Gegenwartspunkt zurück und werten Ihre Probefahrt aus, wobei Sie auf die Körperhaltung achten.

⑦ Wenn sich Bedenken melden oder Sie negative Konsequenzen für möglich halten, überlegen Sie sich Möglichkeiten der Vermeidung oder Kompensation dieser Folgen.

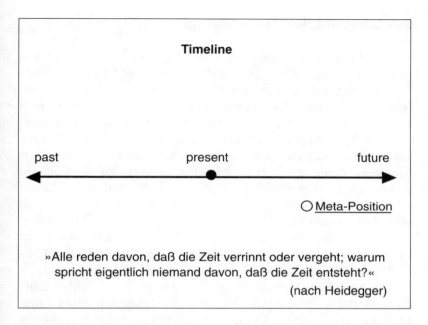

⑧ Sie plazieren diese zusätzlichen Möglichkeiten wieder in der Zukunft und machen erneut den Future-Pace. Vielleicht möchten Sie auch den Zielpunkt zeitlich anders bestimmen, z. B. näher oder weiter weg.
⑨ Durchlaufen Sie den Future-Pace so oft, bis Sie auch auf dem Gegenwartspunkt die zukünftige Veränderung positiv wahrnehmen.
⑩ Nutzen Sie als zusätzliche Perspektive auch die *Meta-Position*.

Hinweis zur Übung:
- Selbstverständlich können Sie diese Übung auch ganz in Gedanken durchlaufen. Nach einer Übungsphase stellt sich ein Trainingseffekt ein, der auch einen raschen internalen Durchgang ermöglicht. Der Aufbau im Raum empfiehlt sich natürlich nur, wenn Sie bei diesem Mentaltraining ungestört sind.
- Sollten Sie für sich und Ihr Team einen größeren Raum zur Verfügung haben, empfehlen wir die konkret-räumliche Strategie auch zur Veranschaulichung von Unternehmenszielen.

Der bewußte Start Ihrer Fähigkeiten

Es gibt Momente, da ist man »einfach gut in Form«, hat einen »guten Tag« oder »seine fünf Sinne beisammen«. Umgangssprachlich bezeichnen wir diesen Zustand als gute oder gar »bombige« Verfassung. Bei einem Menschen spiegelt sich jede Verfassung sowohl körperlich als auch physisch wider. Wie bereits beschrieben, sprechen wir hier von psychophysiologischen Zuständen, kurz *Physiologien* genannt. Eine positive Gesamtbefindlichkeit nennen wir *Ressourcephysiologie,* womit der gute Kontakt zu den inneren Kraftquellen gemeint ist. Bestimmte Physiologien treten nicht nur zufällig oder nach innerlichen Gesetzmäßigkeiten auf. Sie können auch durch konkrete, bewußt eingesetzte Auslöser abgerufen werden. Sicher haben Sie es schon erlebt, daß anläßlich der Rückkehr an einen bestimmten Ort nach vielen Jahren in Ihnen plötzlich Erinnerungen auftauchen, an die sie schon lange nicht mehr gedacht haben. Auch eine Melodie im Radio kann in Ihnen Bilder, Stimmungen und Gefühle aus der Vergangenheit aufleben lassen. Oder ein bestimmter Geruch oder Geschmack erinnert an einen schönen Urlaub.

Die Mitarbeiterin einer Agentur hatte vor mehr als zehn Jahren zusammen mit ihren Designern eine wirklich gelungene Präsentation bei einem guten Kunden durchgeführt. Es entstand eine sehr anregende Gesprächsatmosphäre, und man mochte gar nicht auseinandergehen. Man hatte Lust, die Präsentation noch gemütlich zu »begießen«. So unvorbereitet gab es nichts anderes unter den Vorräten als eine Flasche Rum, die keiner pur trinken wollte. Glücklicherweise entdeckte jemand in der Küche eine Packung Instantkakao. Bei Kakao mit Rum entwickelte sich noch ein toller Abend. Seit zehn Jahren trinkt jetzt das Designerteam mit dem Kunden dieses Getränk anläßlich der Präsentationstermine. Neu Hinzukommende auf beiden Seiten werden unabhängig von ihren sonstigen Trinkgewohnheiten in diesen Brauch eingeweiht und integriert. Das Getränk ist inzwischen ein *Anker* für die gute Zusammenarbeit geworden. Außerhalb dieser besagten Termine trinkt keiner der erwähnten Menschen Kakao mit Rum.

Ein bestimmtes Bild, ein Musikstück oder ein Getränk wie »Kakao mit Rum« können wir in die meisten Situationen nicht als *Trigger,* also Auslöser für eine gute Verfassung, mit hinneinnehmen. Daher ist es für Sie äußerst nützlich zu wissen, welche natürlichen *Anker* Ihre *Ressourcephysiologien* auslösen können. Entscheidende *Trigger* für eine exzellente Verfassung können individuelle Körperbewegungen sein. Hierbei ist besonders wichtig, daß diese Bewegungen nicht nur mit unserer Ressourcenphysiologie einhergehen, sondern diese wirklich auslösen, genau wie eine Melodie, ein Bild oder ein Geschmack dies zu tun vermag.

Nehmen Sie sich vor, zunächst andere Menschen in ihrem Auftreten zu beobachten. Es gibt Momente, in denen ist das Gegenüber »gut in Fahrt« oder wirkt besonders mitreißend und überzeugend. Immer geht der Körper spontan durch vielfältige Bewegungen mit. Sie können einstudierte Rednergesten leicht von den »natürlichen Programmen« unterscheiden: Sie wirken gestelzt und standardisiert im Gegensatz zu den ganz persönlichen Impulsen. Betrachten Sie Menschen auch gezielt in Fernsehsendungen wie Talk-Shows, Interviews und ähnlichen. Sie werden bei Ihren Beobachtungen entdecken, wie jeder Mensch ganz bestimmte Bewegungen zeigt, wenn er in Hochform ist. Im NLP nennt man diese Verfassung den *Moment of Excellence.* Die Körpermotorik kann zahlreiche Phänomene zeigen: eine bestimmte Art, den Kopf zu neigen, die linke oder rechte Schulter hochzuziehen, mit einer der beiden Hände zu gestikulieren, Fuß- oder Beinwippen und vieles mehr. Bestimmte Bewegungen werden auch nur in einer bestimmten Verfassung aktiviert.

Machen Sie einen kleinen Test: Strecken Sie beide Arme hoch über dem Kopf aus, schauen Sie nach oben, und sagen Sie sich selbst: »Ich bin depressiv.« Sie werden feststellen, daß Sie nicht in der Lage sind, sich selbst diesen Satz als wahr abzukaufen. Satz und Körper passen nicht zusammen. Lassen Sie beim gleichen Satz Schultern und Kopf hängen. Selbst wenn Sie zur Zeit guter Laune sind, können Sie sich mit dieser Haltung spontan in eine Depression hineindenken.

Nachdem Sie andere Menschen hinreichend beobachtet haben, richten Sie Ihr Interesse auf sich selbst. Wenn Sie in bester Stimmung sind, versuchen Sie gezielt Ihre unbewußten Bewegungen zu registrieren. Vielleicht bitten Sie auch Ihren Partner oder eine gute Freundin um ein Feedback. Es ist durchaus möglich, daß Sie in Ihrer Hochform stets mit dem rechten und selten mit dem linken Bein wippen. Testen Sie dann die beobachteten Bewegungen bewußt aus. Sie werden schnell merken, welche körpereigene Motorik Sie ganz spontan in die Ressourcephysiologie bringt. Jeder unserer Seminarteilnehmer entdeckt in seiner Ressourcephysiologie ganz individuelle Bewegungen. Deshalb meiden Sie Standardempfehlungen zur Körperhaltung wie:»Öffnen Sie Ihre Arme zum Gesprächspartner hin, das wirkt offen.« Diese Empfehlungen lenken von Ihren Ressourcen ab und lassen Sie sehr schnell steif wirken. Das geht auf Kosten Ihrer Ausstrahlung.

Die tiefen Wurzeln persönlicher Kraftquellen veranschaulicht Ihnen das folgende Beispiel. Ein leitender Angestellter der Arzneimittelbranche entdeckt bei sich selbst, daß er bei besonders überzeugenden Auftritten Daumen, Zeige- und Mittelfinger der rechten Hand zusammenfügt. Mit diesen drei Fingern betont er dann durch rhythmische Handbewegungen den Verlauf seiner Sätze. Durch näheres Nachdenken tauchte in ihm eine Kindheitserinnerung auf. Im Gegensatz zu heute war er als Schuljunge ein engagierter und aktiver Katholik. Seine Tätigkeit als Meßdiener erlebte er als höchste Ehre seiner Person. Ein ganz wichtiger heiliger Moment war einmal während des Gottesdienstes das Halten der heiligen Hostie zwischen den besagten drei Fingern der rechten Hand gewesen. Die Meßdienertätigkeit hatte er schon lange vergessen, doch noch fast vierzig Jahre später war diese spezielle Fingerhaltung ein unbewußter Anker für die Wichtigkeit seiner Person. Das macht plausibel, warum diese natürlichen, individuellen Bewegungsanker viel stärker wirken als von außen einstudierte Gesten. Sollten Sie es nicht so einfach finden, durch diese Beschreibungen Ihren körpereigenen Anker zu finden, lohnt sich in jedem Fall für diese effektive Möglichkeit des Selbstmanagements ein einmaliger Besuch beim erfahrenen NLP-Coach. Die Ressourcebewegungen werden in der Regel sehr schnell analysiert.

Die individuellen Anker ihres Körpers eignen sich hervorragend zur erfolgreichen Abwicklung wichtiger Verhandlungen, Sitzungen, Vorträge oder Präsentationen – denn Ihren Körper haben Sie immer dabei. Sowie Sie befürchten oder bemerken, daß Sie in die Problemphysiologie rutschen, setzen Sie über den Verstand gesteuert ihre Ressourcebewegung ein. Die Bewegung veranlaßt den Körper, auf organischer Ebene für Sie günstige »Programme« wie etwa einen bestimmten für das komplexe Denken wichtigen Gehirnstoffwechsel in Gang zu bringen. Schon nach kurzer Zeit haben Sie die Situation wunschgemäß wieder im Griff.

Übung:
Moment of Excellence

1. Suchen Sie sich für diese Übung einen Raum, in dem Sie mit sich ungestört sind. Arbeiten Sie möglichst vor einem Spiegel.

2. Bestimmen Sie bitte eine Situation, in der Sie schon einmal in einer sehr guten Verfassung gewesen sind, also einen »Moment of Excellence«. Dieser Moment sollte so positiv für Sie gewesen sein, daß Sie sich wünschen, bei Bedarf jederzeit wieder so sein zu können.

3. Gehen Sie gedanklich in Ihren »Moment of Excellence« wieder hinein:
   Was gibt es zu sehen?
   Was gibt es zu hören?
   Was fühlen Sie?
   Erinnert Sie ein Geruch oder Geschmack?
   Nehmen Sie bitte auch die entsprechende Körperhaltung wieder ein.

4. Erzählen Sie laut vor dem Spiegel dieses Erlebnis, versuchen Sie sich selbst regelrecht nachzuschauspielern.

5. Achten Sie darauf, welche typischen Bewegungen sich in dieser Zeit entwickeln. Diese könnten beispielsweise sein:
   - Hand- oder Fußmotorik
   - Fingerbewegung
   - Beinwippen
   - Schulterhaltung, Schulterbewegung
   - Kopfhaltung
   - Mimik

6. Testen Sie, welcher motorische Anker am schnellsten die Ressourcephysiologie immer wieder auslöst. Dann versuchen Sie

– falls erforderlich – die Übertragung von Körperhaltung zu Körperhaltung. Es könnte nämlich sein, daß Sie sich selbst beim »Moment of Excellence« stehend erinnert haben, jedoch den Anker auch dringend in sitzenden Situationen benötigen.

Hinweise zur Übung:

- Sie können diese Übung auch in einer passenden Situation durch Selbstbeobachtung erarbeiten.
- Sollten Sie »Verbündete« haben, können Sie die Schritte dieser Übung auch zu zweit durchlaufen. Lassen Sie sich vom Übungspartner Feedback geben.
- Diese Übung muß nicht ständig wiederholt werden. Die einmalige Bestimmung Ihres körpereigenen Ankers reicht als Übungziel völlig aus.
- Wenn Ihnen die Selbstbeobachtung zunächst fremd vorkommt, so machen Sie sich bewußt, wie sehr Sie selbst mit Ihrer eigenen Person das wichtigste »Handwerkszeug« Ihrer Führungsaufgabe darstellen. Spitzensportler, die sich ebenfalls in entscheidenden Momenten auf ihre Körperprogramme verlassen müssen, checken sich in ihren Bewegungen auch professionell durch. Nach einer gewissen Übungsphase geht der Coaching-Effekt dann wieder in ein unbewußtes Programm – vergleichbar dem Autofahren – über.
- Zunächst wird von unseren Klienten oft angenommen, die Ressourcenbewegungen könnten auffallen. Das liegt nur an der bewußten Beschäftigung mit diesem Thema. Bedenken Sie, was Ihre Mitmenschen den ganzen Tag über mit ihren Händen, Füßen und Köpfen machen, ohne diese Tatsache bewußt zu registrieren. Ihre Ressourcenbewegung müßte schon ein auffälliges Hüpfen sein, damit Sie Aufsehen erregen. In der Regel wirken alle Ressourcebewegungen auf die Umgebung dezent.

Erfolg ist »Einstellungssache« –
Im wahrsten Sinne des Wortes!

Unsere Sprache verrät die Unterschiede zwischen der äußeren und unserer inneren Welt. Die innere Vergegenwärtigung unserer Gedanken, Ideen und Erinnerungen steht in einem engen Bezug zu den *psychophysiologischen* Zuständen, mit denen wir bestimmte Inhalte verbinden. Obgleich unsere Augen organisch völlig gesund sind, können wir uns beispielsweise an ein Ereignis aus der Vergangenheit innerlich nur noch verschwommen erinnern. Jeder weiß, daß mit dem Satz »Napoleon war ein großer Mann« etwas ganz anderes als die Körpergröße dieser historischen Persönlichkeit gemeint ist.

Das Wort »Einstellung« können wir in bezug auf unsere internale Sinneswahrnehmung buchstäblich auffassen. Wie im Film die Kameraführung, so nähern auch wir uns Ereignissen und Themen aus unserer subjektiven Sicht, aus einer ganz bestimmten »Einstellung«. Probleme scheinen uns manchmal »über den Kopf zu wachsen«, und wir sind froh, wenn wir trotzdem wieder den »Überblick« bekommen. Aufgaben, die der eine wie »einen Berg vor sich sieht«, sind für den anderen vielleicht nur »Kleinigkeiten«. Der eine malt sich die Zukunft »in den buntesten Farben aus«, der andere sieht vielleicht »eher schwarz«. So kann man nach der Änderung seiner Einstellung ein Problem »von einer ganz anderen Seite sehen«, und aus dieser Perspektive »sieht die Sache dann schon ganz anders aus«.

Diese umgangssprachlichen Wendungen sind nur ein kleiner Ausschnitt aus den Sprachmustern, die unsere innere Welt abbilden. Offensichtlich verfügt das menschliche Gehirn über die Fähigkeit, wie eine Kamera durch entsprechende »Einstellungen« Bilder zu erzeugen, die den Zusammenhang zwischen einem Problem und der Gefühlswelt widerspiegeln. Sensationell ist folgende Erkenntnis von Richard Bandler: Durch ein entsprechendes Training kann auch der Umkehrprozeß erzielt werden, und wir sind imstande, unserem Gehirn bewußt Anweisungen über Qualität und Aufbereitung unserer inneren »Einstellungen« zu geben.

Es ist vielen unserer Klienten heute möglich, Probleme durch einen

»internalen Zoom« regelrecht zu verkleinern und dadurch den Überblick wiederzugewinnen. »Rasende Gedanken« können durch Zeitlupe zur Ordnung gebracht und langweilige Konferenzen durch ein internales »Charlie-Chaplin-Tempo« erträglich gestaltet werden. Das innere Umschalten von farbig zu schwarzweiß und umgekehrt verhilft ebenfalls zum prompten und wirkungsvollen Zuwachs mentaler Kräfte.

Einen positiven Effekt kann auch die Selektion von Erlebnissen haben. Einer unserer Klienten war Vorstandsmitglied eines großen Konzerns. Er litt entsetzlich unter den offensichtlich endlosen Vorstandssitzungen, die seiner Meinung nach noch nicht einmal zu Ergebnissen führten. Da er kurz vor einem beruflichen Wechsel stand, wollte er seine Kraft nicht mehr in die Veränderung der Sitzungen stecken. Bereits andere Kollegen waren mit ähnlichen Anstrengungen gescheitert. Statt dessen suchte er nach einer Strategie zum Durchhalten. Wir empfahlen ihm, die Sitzungen durch die »Loriot-Brille« zu betrachten. Er sollte möglichst viel Drehbuchstoff für eine fiktive Filmsatire über die Vorstandssitzungen seines Unternehmens sammeln. Schon während der Coaching-Sitzung blühte er bei dieser Aufgabe sichtlich auf. Später berichtete er nur noch belustigt vom »gestrigen Kino«. Glücklicherweise hatte er in seiner neuen Position diese Strategie beruflich nicht mehr nötig. Er ist jedoch nach wie vor froh über den Besitz dieser inneren »Spezialbrille«. Selbstverständlich stellt er stets sicher, nach außen einen respektvollen Eindruck zu machen. Es ging und geht ihm ja nur um sein inneres Wohlergehen.

Denken Sie jetzt an irgendein unangenehmes persönliches Problem. Schon beim Gedanken taucht mehr oder weniger unbewußt ein Bild vor dem geistigen Auge auf. Verkleinern Sie dieses Bild in Gedanken auf ein kleines Fotoformat, und schieben Sie es vor dem geistigen Auge nach links unten. Die meisten Menschen erleben schon durch diese einfache Strategie der Gedankenverkleinerung und -verschiebung eine angenehme Erleichterung und einen größeren Handlungsspielraum. Es heißt nicht umsonst »eine Sache links liegenlassen«.

Ein Wirtschaftsjournalist, für den die Sprache ja tägliches Handwerkszeug ist, bewertete diese Möglichkeit des Selbst-Coachings als das wichtigste »Aha-Erlebnis«, das er in unserem Seminar hatte. »Mir ist bewußt geworden, wie wahr und wirklich dahingesagte Äußerungen für das seelische Erleben sind. Wenn etwas wie ein Berg vor mir liegt, sage ich das nicht nur, sondern es ist innerlich *wirklich* so. Ich fühle mich winzig klein vor diesem riesigen Bild und bin gefühlsmäßig geschwächt.«

Eine Verbesserung der Befindlichkeit durch eine mentale Einstellungsänderung ist immer da angebracht, wo Sie zur Erfüllung einer Aufgabe ihre Kraftquellen, ihre *Ressourcen* benötigen. Sie werden sich nie als kraftvoll erleben, wenn Sie sich beispielsweise unbewußt ihre Konkurrenz wie Berge, zu denen Sie aufschauen müssen, vorstellen. Diese internale Vorstellung schwächt automatisch. In einem solchen Zustand haben Sie auch keinen optimalen Zugang zu Ihrer Kreativität und Ihrem beruflichen Know-how. Sehen Sie sich die Konkurrenz internal immer von oben, also aus der »Helicopter-View« an. So haben Sie ungestörten Zugang zu Ihren Fähigkeiten – und den benötigen Sie, um schwierige Situationen in den Griff zu bekommen.

Bei der Darstellung dieses Trainingsabschnittes handelt es sich nur um Anhaltspunkte. Die Möglichkeiten zur aktiven Gestaltung der inneren Welt sind äußerst vielfältig. Daher stellen wir hier eine Standardübung vor, die Sie später individuell und maßgeschneidert für sich ausweiten können.

Übung:
Einen »gehirngerechten« Erfolgsfilm drehen

① Denken Sie bitte an einen beruflichen oder persönlichen Erfolg, den Sie zukünftig erreichen wollen.

② Beachten Sie Ihre klar formulierte Zieldefinition: Stellen Sie sich das Ziel positiv vor, ohne Negationen.
Hat das Ziel internal eine Farbe?
Einen Ton, vielleicht eine bestimmte Melodie?
Welches Körpergefühl verbinden Sie mit dem Ziel?
Denken Sie an einen Geruch oder Geschmack?

③ Checken Sie, ob das Ziel angemessen auf Ihrer Timeline liegt:
Befindet es sich auf dem richtigen Zukunftspunkt?
Ist es auch genau auf der Timeline?

④ Welche Schwierigkeiten nehmen Sie um das Ziel herum wahr? Wählen Sie eingängige Möglichkeiten der inneren Vergegenwärtigung: Das Ziel farbig einstellen, die Schwierigkeiten schwarzweiß. Die Schwierigkeiten links oder rechts neben die Timeline bringen, also aus dem Weg räumen. Nutzen Sie auch die Möglichkeiten maßstabgerechter Arbeit: Verkleinerung von Hürden, Zieldarstellung in einer angemessenen Höhe und nicht auf einem großen steilen Berg, sondern auf einem geraden Weg.

⑤ Wählen Sie anhand der folgenden Submodalitätentabelle vielleicht noch weitere Darstellungsmöglichkeiten heraus.

⑥ Bedenken Sie noch einmal die Sinneskanäle Hören, Geschmack und Geruch.

⑦ Sie überprüfen fortlaufend, wieweit die internalen Darstellungen Ihre Befindlichkeit verbessern.

Das Ziel der Übung ist erreicht, wenn Sie voller Elan an Ihr Ziel denken können.

Hinweis zur Übung:

- Sich etwas innerlich vorzustellen ist eine reine Übungssache wie das Erlernen des Einmaleins oder einer Fremdsprache. Trainieren Sie im Alltag, vor dem geistigen Auge gerade gesehene Szenen zu reproduzieren. Schauen Sie beispielsweise im Restaurant zum Nebentisch, wenden Sie sich wieder Ihrem Teller zu, und überlegen Sie in Gedanken: Wie viele Leute sitzen am Nebentisch? Wie sieht der einzelne aus? Welche Kleidung tragen diese Menschen? Mit diesem Training werden Sie immer präziser und schneller im Visualisieren, in der Produktion geistiger Bilder.

- Sollte Sie das Spiel mit dem mentalen »Drehbuchmenü« stärker interessieren, können Sie Ihr Wissen vertiefen durch das Buch von Richard Bandler »Veränderung des subjektiven Erlebens« (Junfermann Verlag). Das Buch läßt sich sogar auch von neugierigen Anfängern lesen, da es äußerst unterhaltend geschrieben ist. Die vorgestellten Möglichkeiten der Gehirnbenutzung sind sehr faszinierend.

Ihr Drehbuchmenü für den Erfolgsfilm –
Submodalitätenliste

Visuell	
Farbe:	schwarzweiß oder farbig
Farbton:	»Blaustich«, »Rotstich«; eine bestimmte Farbe herrscht vor, z. B. das Rosarot der »rosaroten Brille«.
Farbsättigung:	pastell, grell, normal.
Helligkeit:	sehr hell, sehr dunkel, normal.
Tiefe:	zwei- oder dreidimensional.
Bewegung:	Film oder Standbild, Geschwindigkeit des Films, Zeitlupe oder Zeitraffer (»Charlie Chaplin«).
Kontrast:	scharfe Kontraste, Weichzeichner, normal.
Gesichtskreis:	eingeengt oder »Weitwinkel«.
Rahmen:	Bildseiten begrenzt oder Bild geht nach allen Seiten weiter.
Rahmengröße:	wie ein kleines Foto oder wie Kinoleinwand.
Maßstab:	alles etwas kleiner oder größer als normal.
Orientierung:	Bild in der Vorstellung vorn, links, rechts, oben oder unten.
assoziiert bzw. dissoziiert:	Augen sind die eigene Kamera, man sieht sich von außen oder von oben aus der Hubschrauber-Perspektive.
Auditiv	
Klangart:	Stimmen, Klänge (Filmmusik), Geräusche.
Lautstärke:	laut oder leise.
Mono oder Stereo:	Raumklang oder eine Klangquelle im Raum.
Tonhöhe:	hohe oder tiefe Tonlage.

Die Helicopter-View

In schwierigen Situationen den Überblick zu behalten, sie aus der Helicopter-View zu betrachten, das ist für den Umgang mit heiklen Momenten so wichtig, daß wir Ihnen diesen souveränen Standpunkt noch einmal näherbringen möchten.

Bandler beschreibt in seinem bereits erwähnten Buch die Fähigkeit zur assoziierten und dissoziierten Wahrnehmung der inneren und äußeren Welt als grundlegende Voraussetzung eines intakten mentalen Befindens. Wir Menschen haben nämlich die Fähigkeit, uns selbst in Situationen von außen zu sehen. Auch unsere Sprache weist ja darauf hin:»Ich sehe mich bereits im Urlaub am Strand liegen.« Diese Außenwahrnehmung aus der Perspektive eines neutralen Beobachters ist die *dissoziierte Wahrnehmung der eigenen Person*. Machen Sie den Test, und gehen Sie jetzt in Gedanken einmal aus sich heraus. Sehen Sie sich von *außen* mit diesem Buch in der Hand. Nehmen Sie vielleicht noch die Idee zur Hilfe: Wie würde ich jetzt in einem Film aussehen?

Gehen Sie dann mit der Wahrnehmung wieder »in sich hinein«. Nehmen wir uns von innen heraus wahr, also so, als wären die eigenen Augen eine Kamera, spricht man von der *assoziierten Wahrnehmung der eigenen Person*. Sie sehen jetzt das Buch und Ihre Hände vor sich.

Schauen Sie sich die folgende Abbildung an. Sie sehen von außen einen Turmspringer. Das Bild wirkt harmlos, da die Perspektive eine distanzierte ist. Darunter sehen Sie die assoziierte Perspektive. Da wird die Sache ernst, vor allem vom Körpergefühl her. Bei der assoziierten Wahrnehmung befinden wir uns also ganz und gar in unserem Gefühl – mit der dissoziierten Perspektive entfernen wir uns auch von unseren Gefühlen.

Befinden Sie sich in einer kniffligen Situation, in der Sie befürchten, aufgeregt, unruhig oder unangemessen ärgerlich zu werden, lohnt sich die Sicht von außen. Unsere Klienten erleben in der Regel die Helicopter-View, also die Sicht von oben auf die eigene Person und das Ereignis als äußerst wirkungsvolle Hilfe beim Meistern einer Situation. Auch Schmerzen (Zahnarzt!) lassen sich in der Dissoziation besser ertragen.

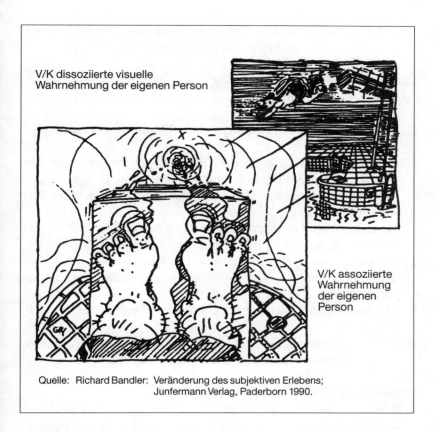

Quelle: Richard Bandler: Veränderung des subjektiven Erlebens; Junfermann Verlag, Paderborn 1990.

Ein Basketballspieler wollte mit NLP bei uns lernen, besser Körbe zu werfen. Er war ein hervorragender Zuspieler, aber leider kein präziser Werfer. Das Problem war schnell gelöst. Als wir ihn baten, sich in Gedanken an das letzte Spiel zu erinnern, stellten wir fest, daß er das Spiel und auch sich selbst stets von außen, also aus der Helicopter-View wahrnimmt. Kein Wunder also, daß er immer weiß, wo seine Mannschaftspartner plaziert sind und er ein sehr guter Zuspieler ist. Nur beim Werfen der Körbe gibt es dann verständlicherweise Probleme: Denn er muß sich so selbst von außen den Impuls geben, zu treffen. Wir brachten ihm nur bei, sich beim Zielen zu assoziieren und weiterhin dissoziiert zuzuspielen – das half.

Sie selbst wissen bestens, daß man von Führungskräften den Überblick erwartet. Trainieren Sie sich mit der folgenden Übung!

Übung: Der Überblick

1. Denken Sie an eine Situation, die für Sie problematisch oder unangenehm war.
2. Überprüfen Sie, wie Sie sich an diese Situation erinnern: assoziiert oder dissoziiert?
3. Bei Assoziation: Gehen Sie mit der Wahrnehmung aus sich heraus, und sehen Sie die Situation und die eigene Person aus der Perspektive eines neutralen außenstehenden Beobachters. Was verändert sich?
4. Steigen Sie jetzt in Ihrer Phantasie in einen Hubschrauber, und machen Sie sich einen *Überblick* von der Situation.
5. Spüren Sie den Gefühlsunterschied und die Distanz.
6. Denken Sie jetzt an eine *zukünftige Situation,* die Ihnen bevorsteht.
7. Denken Sie an diese zukünftige Situation ebenfalls aus der Helicopter-View.
8. Etablieren Sie einen Anker, der Sie in zukünftigen Situationen daran erinnert, den »Überblick zu behalten«.

Hinweise zur Übung:

- Selbstverständlich »landen« Sie nach der schwierigen Situation wieder und steigen aus dem Hubschrauber aus. Es gibt nämlich sehr viele schöne Gefühle, für die es sich lohnt, assoziiert zu sein.

Metaphern – Die Schaltpläne zerebraler Lösungswege

Da für die folgenden Steps die Fähigkeit, in sich Situationen und Bilder entstehen zu lassen, wichtig ist, erläutern wir hier den Sinn und Zweck von Metaphern als ganzheitliche Lösungswege bei mentalen Blockaden. Metaphern, das sind in der Sprache der modernen Psychologie Geschichten, Bilder und Erzählungen, die für unser

Gehirn nicht wegen ihres Inhaltes, sondern wegen ihrer Struktur von Interesse sind. Sie sind die Schaltpläne unserer neuronalen Verknüpfungen. Wir benutzen diese Metaphern, um innere Prozesse auszudrücken, in unserer täglichen Sprache, ohne darüber nachzudenken. Wenn wir jemandem raten:»Du mußt eben gegen dich angehen«, so wird nie von selbst das Bild produziert, es gäbe zwei Teile einer Persönlichkeit, die wie zwei Menschen zueinanderstehen: Der eine ist faul, stört, verhält sich nicht zielgerecht, und der andere soll ihn in seine Schranken weisen oder energisch mitziehen.

Wir finden nicht nur in der Alltagssprache Metaphern, sondern vor allem in der Literatur, in Märchen, Geschichten und Sagen. So haben unsere klassischen Märchen folgende vom Inhalt unabhängige Struktur: Menschen leben harmonisch zusammen. Plötzlich geschieht etwas Schlimmes. Es taucht ein Wolf, ein Bär, eine Hexe oder eine Verwünschung auf. Die problematische Situation steigert sich ins Unerträgliche. Wenn die Spannung kaum mehr auszuhalten ist, kommt endlich die Erlösung – und:»Sie lebten glücklich und zufrieden bis an ihr Lebensende.« Diese Struktur dient Kindern zur Entwicklung der folgenden Lebenseinstellung: in schwierigen Situationen nicht aufzugeben, denn das »Happy-End« kommt bestimmt. Dies scheint auch das Motiv dafür zu sein, daß selbst sensible Kinder»grausame« Märchen intuitiv den»harmlosen« vorziehen und trotz allen Gruselns immer und immer wieder hören möchten.

Lassen Sie einmal die Geschichte des bekannten Psychotherapeuten N. Peseschkian, Begründer der»Positiven Psychotherapie«, auf sich wirken. Er vergleicht die Situation eines Leidenden mit der eines Menschen, der über längere Zeit hinweg nur auf einem Bein steht. Nach einiger Zeit verkrampfen sich die Muskeln, das belastete Bein beginnt zu schmerzen. Er ist kaum mehr in der Lage, das Gleichgewicht zu halten. Doch nicht nur das Bein schmerzt, nein, die gesamte Muskulatur beginnt sich in dieser ungewohnten Haltung zu verspannen und zu verkrampfen. Der Leidensdruck wird unerträglich, der Mensch schreit um Hilfe. In dieser Situation treffen verschiedene Helfer auf ihn. Während er weiter auf dem einen Bein stehen bleibt, beginnt ein Helfer das belastete und verkrampfte Bein zu massieren. Ein anderer nimmt sich die verkrampfte Nakkenpartie vor und walkt sie nach allen Regeln der Kunst durch. Ein dritter Helfer sieht, wie der Leidende sein Gleichgewicht zu verlieren droht und bietet ihm seinen Arm als Stütze an. Von den Umstehenden kommt der Rat, der Leidende solle vielleicht die beiden Hände zu Hilfe nehmen, damit ihm das Stehen nicht mehr so schwerfalle. Ein weiser alter Mann schlägt vor, er solle daran denken, wie gut er es eigentlich hat, wenn er sich mit Menschen vergleicht, die überhaupt keine Beine besitzen. Beschwörend redet einer auf ihn ein, er solle sich vorstellen, er sei nur eine Feder, und je intensiver er sich darauf konzentriere, um so mehr würden seine Leiden nachlassen. Ein abgeklärter Alter setzt wohlmeinend hinzu: »Kommt Zeit, kommt Rat.« Schließlich geht ein Zuschauer auf den Leidenden zu und fragt ihn: »Warum stehst du auf einem Bein? Mach doch das andere gerade, und stelle dich darauf. Du hast doch ein zweites Bein.«

Diese Metapher ist an Menschen adressiert, die ihre Fähigkeiten und Kraftquellen nicht wahrnehmen und daher auch nicht für ihre Ziele und zur Problemlösung einsetzen. Selbstverständlich stehen diese Personen nicht tatsächlich auf nur einem Bein. Es zählt vielmehr wieder die Struktur der Geschichte. Das Gehirn empfängt diese Struktur und erkennt in ihr die Entsprechung zu einem Problem, das in Form von neuronalen Verknüpfungen »abgespeichert« ist. Es gibt ein Problem und die Suche nach Hilfe zu seiner Lösung. Bei Menschen in einer solchen Situation verlagert sich jetzt durch die Struktur dieser Metapher bewußt und unbewußt die Konzentration von den Hilfsangeboten hin zur gezielten Nutzbarmachung der nichtbeachteten Kraftquellen, nämlich dem zweiten, gesunden Bein.

Bilder und Metaphern werden also in der Psychologie als Veränderungsinstrumente eingesetzt, da es noch keine Möglichkeiten gibt, in die Mikrowelt der neuronalen Verknüpfungen direkt mechanisch einzugreifen. Aus diesem Grund finden Sie im folgenden immer wieder Metaphern als Wegweiser zu verschiedensten Lösungswegen und Erfolgsstrategien. Sollten Sie also mit psychologischem Stoff noch nicht vertraut sein und sich über die vielen sprachlichen Bilder im Text wundern, erinnern Sie sich stets an den eigentlich eher technisch-organischen Hintergrund der Metaphern. Und bedenken Sie immer ganz bewußt die dem Inhalt einer Geschichte übergeordnete Struktur.

Ihnen selbst kann auch eine persönliche Metapher zur positiven Gestaltung Ihrer Arbeitssituation helfen. So hörten wir neulich auf einem NLP-Kongreß die Geschichte eines Topmanagers, der nach dem Geheimnis seiner Leistungsfähigkeit gefragt wurde. Er hat sinngemäß geantwortet:»Wieso Leistung? So sehe ich das gar nicht. Wir haben als Kinder immer Schiff gespielt, und ich war natürlich am liebsten der Kapitän. So viel hat sich bis heute gar nicht verändert. Ich bin eben immer noch Kapitän – jeden Tag mit der gleichen Begeisterung. Das Geheimnis meiner Leistungskraft ist, jeden Tag spielen zu gehen.«

Wenn Sie einmal Kinder beobachten, die sich mit jeder Faser ihres Herzens für etwas begeistern – sei es das Haustier, die Barbie-Puppe oder eine Höhle im Gebüsch –, können Sie nachvollziehen, mit welcher unerschöpflichen Kraft das Bild vom Kapitän geladen ist. Für ein Kind ist es sogar eine Qual, bei höchstem Interesse dem eigenen Leistungswillen Einhalt zu gebieten.

Vor allem Frauen in Führungspositionen sollten für sich Metaphern finden, die eine kraftvolle statt eine aufopferungsvolle weibliche Identität anbieten. Eine Klientin erinnerte sich in der Coaching-Sitzung, als Kind so gern Pippi Langstrumpf gelesen zu haben. Diese fiktive Gestalt bietet als Metapher viele Pluspunkte für die weibliche Karriere an: Pippi Langstrumpf ist das stärkste Mädchen – auch stärker als die gleichaltrigen Jungen. Sie ist kreativ, pfiffig und begeistert die anderen Kinder durch ungewöhnliche Ideen. Hergebrachte Zwänge stellt sie in Frage und lehnt deren Erfüllung ab, wenn es ihr nicht paßt. In Notsituationen wird sie aktiv und findet Rettungswege, wo alle anderen hilflos dastehen.»Ich wirke viel überzeugender und mitreißender, seitdem ich die ›Pippi-Rolle‹ heimlich mit zur Arbeit nehme«, sagte unsere Klientin schon vierzehn Tage nach der Sitzung.

Ich selbst wurde einmal gefragt, ob es nicht eine sehr anstrengende Arbeit sei, sich als Psychologin immer die Probleme anderer Menschen anzuhören. Beim Antworten fiel mir dann selbst auf, meinen Beruf noch nie mit einem »Helfersyndrom« gekoppelt zu haben.

Ich erinnerte mich vielmehr daran, als Kind leidenschaftlich gern Kriminalfilme gesehen zu haben. Meine bevorzugte Detektivin war Miß Marple, dargestellt von Margaret Rutherford. Wenn ich heute einen Klienten oder ein zerstrittenes Team vor mir sitzen habe, werde ich um so wacher und hellhöriger, je komplizierter mir der »Fall« erscheint. Es kribbelt mir richtig in den Fingern, die Spuren zu sichern und Dinge zu entdecken, die allen anderen entgangen sind. Die Neugier und Unrast der Detektivin beflügelt meine Phantasie weitaus mehr als die Vorstellung, anderen Menschen beim Tragen ihrer Lasten zu helfen. Insofern werde ich meines Berufs nicht müde und fühle mich nicht zu stark beansprucht.

Die *Übung* zu diesem Kapitel läßt sich mit einem Satz beschreiben: Suchen Sie sich für Ihre Führungsaufgabe bitte eine persönliche und individuelle Metapher, die auf den Arbeitszusammenhang zugeschnitten ist und in der Ihre Rolle mit positiven und leistungsstarken Energien »geladen« ist.

Step 2:

Die Kraft des Unbewußten nutzen

2

Das Bewußte und das Unbewußte sind Begriffe, die sich durch alle psychologischen Theorien ziehen. Das Begriffspaar ist im Grunde eine Vereinfachung, mit deren Hilfe man versucht, die komplizierte Struktur des menschlichen Wesens, der menschlichen Seele darzustellen. Auf diese Weise kann man sich in dem komplexen Bereich des menschlichen Handelns, Denkens und Fühlens auf der Suche nach Lösungsmöglichkeiten von Problemen besser orientieren. An die Geschichte aus dem vorigen Kapitel anknüpfend, können wir sagen, die meisten Menschen – und eben auch Führungskräfte – stehen nur auf einem »Bein ihres Bewußtseins« und benutzen nur selten ihr zweites, nicht minder kräftiges »Bein des Unbewußten«. Selbstverständlich zwingt die Nutzung nur eines Beines zum »Hinken«, während Menschen, die »mit beiden Beinen im Leben stehen«, äußerst gut vorwärtskommen.

Damit das Gehirn uns möglichst optimal durch den »Lebensdschungel« steuern kann, hat die Natur eine sinnvolle Aufgabenverteilung in diesem Organ vorgesehen:

Das sogenannte Unbewußte verwaltet und steuert Körperfunktionen aus dem vegetativen Bereich wie Atmung, Herzfrequenz, Immunsystem und Verdauung und darüber hinaus auch unseren Erinnerungsfundus und Verhaltensweisen, die sich bewährt haben, »in Fleisch und Blut übergegangen sind«. Hierzu zählen Programme wie das Einmaleins, der aufrechte Gang, Autofahren, das Sprechen einer oder mehrerer Sprachen. Diese Programme liegen in der Verknüpfung entsprechender Gehirnzellen als sogenannte Engramme vor und müssen von uns nicht Tag für Tag neu erworben werden.

Das *Bewußtsein* ist zuständig für spontane Reaktionen, das Ausprobieren neuer Verhaltensweisen und das Sammeln neuer Informationen, also für das bewußte Lernen.

Diese beiden Gehirnbereiche sind vergleichbar mit der Festspeicherplatte und dem Arbeitsspeicher ihres PC oder diversen Automatiksystemen wie beispielsweise dem Autopilot in Fahrzeugen, die dem Fahrer oder Piloten das Leben leichter und sicherer machen sollen. Auch in jedem funktionierenden Büro ist das Aktenmaterial – das Unbewußte – so organisiert, daß der Schreibtisch – das Bewußtsein – für das Tagesgeschäft frei ist.

Im alltäglichen Leben stellen wir allerdings oft fest, wie die eigenen Verhaltensweisen dem bewußten Wollen zuwiderlaufen. Genauso stabil wie die als nützlich bewerteten Programme sind auch die ungeliebten Verhaltensmuster oder psychischen Befindlichkeiten zuverlässig »in Fleisch und Blut« übergegangen. Das Rauchen funktioniert genauso automatisch und unbewußt wie das Einmaleins. So ist unser Bewußtsein scheinbar oft nicht der »Manager« im Haus der Psyche. Darum haben sich Experten mit der Arbeitsweise und »Psycho-Logik« des Gehirns, speziell dem Zusammenwirken von Bewußtsein und dem Unbewußten, Gedanken gemacht und entsprechende Theorien und Modelle entwickelt.

Die Entwicklung von *Coach Yourself* wurde durch die Arbeitsweise von Milton H. Erickson, einem bekannten Hypnosearzt, und der Familientherapeutin Virginia Satir geprägt. Wir arbeiten mit dem Systemmodell der menschlichen Persönlichkeit nach Satir, das wir in dem Kapitel »Die menschliche Persönlichkeit – ein Universum mit System« ausführlich und auf das *Coach-Yourself*-Konzept hin maßgeschneidert vorstellen werden.

Erickson geht davon aus, daß das Unbewußte jedes Menschen im Laufe des Lebens alle Erlebnisse, Erfahrungen und Verhaltensmuster sowie Lernprogramme, Wertvorstellungen und Glaubensmuster speichert und daraus eine eigene Weisheit, eine eigene »Psycho-Logik« entwickelt.

Auf der Basis der Ganzheit dieser erlernten Programme und Überzeugungen sowie durch genetisch bedingte Grundlagen denkt und handelt das Unbewußte langfristig und ganzheitlich für das Wohl des Menschen, wobei es negative Begleiterscheinungen in Kauf nimmt. Was zählt in der Buchhaltung, ist nicht der Einkaufspreis –

die Begleiterscheinung –, sondern die Gewinnbilanz. Das Bewußtsein, dem ja nur ein kleiner Ausschnitt dieser Informationen zur Verfügung steht, um sich auf zielgerichtetes und bewußtes Handeln im Tagesgeschäft konzentrieren zu können, denkt oft sehr kurzfristig. Es hat sozusagen nicht die »Weitwinkelpolitik« und reagiert nur auf die Begleiterscheinungen. Beispielsweise weiß das Unbewußte eines jeden Rauchers schon vom ersten Lungenzug an um alle Nebenwirkungen dieses Genusses. Es stellt sie sofort in Rechnung zu den anderen lebenswichtigen Wirkungen einer Zigarette: Entspannung, Beruhigung, Image, Selbstbewußtsein und Kontaktpflege. All das könnte der betreffende Mensch ohne Zigarette zur Zeit aus eigener psychischer Kraft nicht erzeugen.

Das Verhältnis zwischen dem Unbewußten und dem Bewußtsein läßt sich angemessen mit der Beziehung einer Mutter zu ihrem Kind vergleichen. Oft muß die Mutter den Unwillen und die Tränen des Kindes in Kauf nehmen, da sie ihrer Lebenserfahrung entsprechend auch gegen den Willen des Kindes handeln muß, um langfristig sein Wohl sicherzustellen. Denken Sie nur an zwei alltägliche Situationen aus dem Leben mit Kindern: zu langes abendliches Fernsehen und das Erledigen der Schularbeiten vor dem Spielen.

Menschen sprechen oft davon, gegen sich selbst, gegen bestimmte Verhaltensweisen anzukämpfen und den »inneren Schweinehund« zu bezwingen. Ausdrücke wie diese beschreiben deutlich, wie es um unser »inneres Klima«, also den Umgang des Bewußtseins mit dem Unbewußten, bestellt ist. Dieser innere Kriegszustand kostet sehr viel Energie und läßt die Kampfmittel immer drastischer werden: Medikamente, Diäten, Schlaf- und Freizeitentzug. Darüber hinaus führt diese Taktik in den seltensten Fällen zu positiven Veränderungen.

Wie bei kriegerischen Auseinandersetzungen zwischen Staaten und Völkern ist es letztlich am sinnvollsten, zunächst einen Waffenstillstand zu vereinbaren, um dann auf eine vernünftige Art und Weise Friedensverhandlungen zu führen und zu überlegen, wie man eine Annäherung herbeiführt und Wege zu einer Konfliktlösung sowie zu einer für beide Seiten konstruktiven Zusammenarbeit findet. Hierbei kann ein erfahrener und vor allem kreativer »Krisenmanager« wertvolle Dienste leisten. Das Resultat ist dann ein durch die

»Kompatibilität der beiden Subsysteme« erreichter Kräftezuwachs für das Gesamtsystem.

Die Art und Weise der Kommunikation mit uns selbst entscheidet darüber, ob wir die Unterstützung unseres Unbewußten für unsere bewußten Pläne und Wünsche gewinnen können. Ein Zustand von innerer Gelöstheit und Entspannung erleichtert es, mit den unbewußten Teilen der Persönlichkeit zu arbeiten. Besonders deutlich zeigt sich das am Träumen im Schlaf. Das Träumen öffnet die Pforten zum Unbewußten weit und gewährt Zugang zu den ungenutzten Fähigkeiten. Nicht umsonst gibt es zahlreiche Berichte, die zeigen, wie sich Ideen, Eingebungen und Erleuchtungen in Trance, Meditation und im Schlaf einstellen.

Das Ziel unserer Arbeit ist es, durch eine Neuorganisation der Zusammenarbeit von Bewußtsein und dem Unbewußten eine kooperative und konstruktive Beziehung zwischen diesen beiden Bereichen der Persönlichkeit zu fördern und so das Unbewußte im Sinne Ericksons als unerschöpfliche Kraftquelle für die Organisation unserer Ziele einzusetzen. So können Sie am besten individuelle Lösungsmöglichkeiten und neue Wege für sich finden und nutzen. Ihr Bewußtsein wird zur optimalen Führungskraft Ihres inneren Persönlichkeitsunternehmens.

Was ist systemisches Denken?

Bei Gomez und Probst findet findet sich zum »Vernetzten Denken im Management« eine einleuchtende Analogie zwischen dem Fußballsport und dem systemischen Denken im Unternehmen. Der Trainer einer Fußballmannschaft kann die Spieler sehr wohl auf das Ziel hin trainieren, den Ball möglichst oft im gegnerischen Tor unterzubringen. Er kann dabei aber nicht mit der Mannschaft jeden einzelnen Spielzug im Vorfeld planen, da vor einem Spiel niemand den genauen Ablauf kennen kann. Das Spiel entwickelt sich spontan und oft überraschend für beide Parteien. Wenn ein Mannschaftsmitglied nun auf das eigene Tor zuläuft, um einem Mitspieler den Ball zuzuspielen, hat er dennoch während dieses Manövers das Gesamtziel im Kopf, den Ball zum gegnerischen Tor hinzubewegen.

Man kann also nicht behaupten: »Der macht etwas falsch, denn wir hatten uns geeinigt, daß der Ball in die andere Richtung muß!« Innerhalb des Mannschaftssystems war der Spielzug sinnvoll und richtig. So kann man bei jedem Spielzug nicht immer beurteilen, ob er richtig oder falsch gespielt ist. Noch weniger kann man sagen, es gäbe immer nur eine einzige richtige Lösung, den Ball weiterzuspielen. Tatsächlich gibt es meistens mehrere gute Lösungen. Die Kunst besteht nicht darin, die richtige von den falschen Lösungen zu unterscheiden, sondern sich zwischen vielen richtigen Möglichkeiten dann für die beste zu entscheiden.

In der Regel denken Führungskräfte häufig, ein Mitarbeiter, der stets pünktlich Feierabend macht, also vom Zieltor fortläuft, würde weniger effektiv arbeiten als sein Kollege, der stets Überstunden macht. Dabei kann es durchaus sein, daß der erste sein inneres Energiesystem wesentlich besser zugunsten des Unternehmensziels einteilt als der zweite. Das scheinbare Fortlaufen des ersten kann in Wirklichkeit der Vorbereitung eines gezielten Treffers dienen.

Beachtung erhält in dieser Analogie auch die Aktivität der gegnerischen Mannschaft, die ja von Spielbeginn an viele unberechenbare Faktoren mit sich bringt. Insofern gibt es keine Handhabe, alle Bewegungen des Gegners vorherzusehen. Auch für ein Unternehmen können externe Faktoren wie Aktivitäten der Konkurrenz, Marktbewegungen und vieles mehr nie so präzise vorhergesagt werden, daß es in der Gegenwart schon »richtige« Lösungen für die Zukunft geben kann.

Systemisches Denken bedeutet zielgerichtetes Denken auf den vielen möglichen Wegen durch den Wald der Lösungen – und zwar so, daß der Wald hinterher noch steht.

Systemisches Denken ist lebendiges Denken in ganzheitlichen Zusammenhängen. So kann in der menschlichen Körper-Seele-Einheit nicht die Lunge zum Herz sagen: »Hauptsache, ich bin gesund – es interessiert mich überhaupt nicht, wenn es dir momentan nicht gutgeht.« Könnte diese Lunge systemisch denken, würde sie begreifen, daß ein schwaches Herz in letzter Konsequenz auch ihr gesundes Lungendasein in Frage stellt.

In der Psychotherapie haben die systemischen Ansätze schon lange einen hohen Stellenwert wegen ihrer nachhaltigen Wirkung in der Familientherapie. Ein erkranktes Familienmitglied wird hier als sogenannter Symptomträger des insgesamt erkrankten Familiensystems gesehen. Behandelt wird das System und nicht das Symptom. So werden die Schlafstörungen des Kindes nicht durch ein geeignetes Medikament behoben, sondern beispielsweise dadurch, daß die Eltern lernen, konstruktiver mit ihren Eheproblemen umzugehen.

Auch bei Aufgaben der Unternehmensführung gilt es, auftauchende Probleme in ihrer Vernetzung im Unternehmenssystem zu verstehen. Tatsächlich werden aber heute viele gute Arbeits- und Organisationspsychologen in Unternehmen dazu verbraucht, Symptomträger eines kranken Systems zu behandeln. Dabei nützt ein noch so gutes Verkaufstraining überhaupt nichts, wenn die eigentliche »Krankheit« in der miserablen Kommunikation zwischen den Bereichen Marketing, Fertigung und Verkauf ihre Ursache hat. Hier könnte der Psychologe viel wertvollere Arbeit in der Aufarbeitung der Kommunikationsfehler der Abteilungen untereinander leisten.

Genauso lernen Sie mit dem systemischen Denken Ihre eigene Persönlichkeit ganzheitlich zu betrachten. Sie finden so Lösungen für Ihre Probleme, statt sich in inneren Kämpfen erfolglos aufzureiben.

Glück oder Pech?
Themenbewußtsein statt Problembewußtsein

Auch Worte rufen psychophysiologische Zustände hervor, die wiederum mit unterschiedlichen intellektuellen Möglichkeiten verbunden sind. So gehen die meisten Menschen automatisch in die sogenannte *Problemphysiologie,* wenn sie das Wort »Problem« nur hören, denken oder aussprechen – und das, ohne etwas über den Inhalt des Problems zu wissen. Die Problemphysiologie geht in der Regel mit dem Erscheinen von überall auftauchenden Barrieren und Hindernissen vor dem geistigen Auge einher. Für Sie stellt vielleicht allein das Wort »Problem« schon eine Herausforderung dar. Das muß jedoch für Ihre Mitarbeiter noch lange nicht der Fall sein. Viele Menschen verlieren im Problembewußtsein den guten Kontakt zu ihren Ressourcen. Das Wort »Thema« erscheint uns bei der Arbeit mit Führungskräften weitaus angemessener. Es löst bei den meisten Menschen wie von selbst eine internale »Weitwinkelperspektive« oder gar die optimale *Helicopter-View* aus. Und gerade diese intellektuelle Einstellung ist gefragt, wenn Lösungen für die Unternehmensentwicklung gefunden werden müssen.

Auch in unserem Gesundheitswesen setzt sich langsam die Weitsicht durch. Traditionsgemäß wurden hier Potentiale nur in die Diagnose und Behandlung von Krankheiten investiert. Die Förderung und das Aufrechterhalten der Gesundheit wurde vernachlässigt, da schon der als gesund galt, der keine akute Krankheit hatte. Genauso ist es mit Pflanzen, die man nicht gießt, weil sie ja momentan noch so schön grün sind.

In den Vereinigten Staaten entwickelt sich zur Zeit ein Gesundheitstrend, der auch bei uns unter dem Begriff »Wellness« Einzug hält. Wir möchten diesen Begriff auf Unternehmen übertragen, um ein Bewußtsein für die Entwicklung und Stabilisierung von »gesunden Trends« in diesen Systemen zu schaffen.

Themenbewußtsein ist wellnessorientiert und aktiviert intellektuelle Ressourcen.

Wenn Sie sich innerlich darauf einstellen, eine persönliche oder berufliche Herausforderung als Thema und nicht als Problem zu erleben, gehen Sie von Ihren mentalen Möglichkeiten her in die *Reframing-Physiologie*. Diese Physiologie läßt sich mit der Grundhaltung »Wer weiß, wozu es gut ist!« charakterisieren. Die internale Wahrnehmung entspricht dann der Sichtweise des kompletten 360-Grad-Radius. Negative Erfahrungen müssen dann nicht mehr so schnell wie möglich vergessen werden, vielmehr sind sie dazu da, aus ihnen zu lernen und sie in etwas Positives zu verwandeln. Folgende Geschichte aus Bandler und Grinders Buch »Reframing« zeigt Ihnen besser als alle Erläuterungen den psychischen Wert dieser innerlich offenen Haltung.

»Eine sehr alte chinesische Tao-Geschichte erzählt von einem Bauern in einer armen Dorfgemeinschaft. Man hielt ihn für gutgestellt, denn er besaß ein Pferd, mit dem er pflügte und Lasten beförderte. Eines Tages lief sein Pferd davon. All seine Nachbarn riefen, wie schrecklich das sei, aber der Bauer meinte nur: ›Vielleicht.‹ Ein paar Tage später kehrte das Pferd zurück und brachte zwei Wildpferde mit. Die Nachbarn freuten sich alle über sein günstiges Geschick, aber der Bauer sagte nur: ›Vielleicht.‹ Am nächsten Tag versuchte der Sohn des Bauern, eines der Wildpferde zu reiten; das Pferd warf ihn ab, und er brach sich ein Bein. Die Nachbarn übermittelten ihm alle ihr Mitgefühl für dieses Mißgeschick, aber der Bauer sage wieder: ›Vielleicht.‹

In der nächsten Woche kamen Rekrutierungsoffiziere ins Dorf, um die jungen Männer zur Armee zu holen. Den Sohn des Bauern wollten sie nicht, weil sein Bein gebrochen war. Als die Nachbarn ihm sagten, was für ein Glück er hat, antwortete der Bauer: ›Vielleicht‹ . . .«

In der Reframing-Haltung sehen wir ein Ereignis oder einen Sachverhalt neutral. Die Bewertung erfolgt nur bezüglich des Rahmens, in dem dieser Sachverhalt oder das Ereignis auftreten. Im Rahmen des Besitzes bedeuten zwei Pferde Reichtum, unter dem Blickwinkel Gesundheit bedeuten sie Gefahr für den abgeworfenen Reiter.

Es gibt grundsätzlich zwei Möglichkeiten des Reframing:

1. Inhaltliches Reframing

Jemand ärgert sich darüber, bei Verhandlungen oft unkontrolliert und aufbrausend zu sein, und wünscht sich größere Selbstkontrolle. Eines Tages bekommt er als Feedback, gerade aufgrund seiner großen Ehrlichkeit und Spontaneität äußerst geschätzt zu werden, denn man wisse bei ihm immer »woran man sei«. Hier wird die Unbeherrschtheit inhaltlich als Ehrlichkeit gedeutet.

2. Kontext-Reframing

Ein Mitarbeiter »schlägt privat zu sehr über die Stränge«. Er hat zwar sehr gute berufliche Qualifikationen, erscheint jedoch öfter zu spät oder übermüdet am Arbeitsplatz. Auch ansonsten fällt er im

Arbeitskontext oft unangenehm aus dem Rahmen. Eines Tages tätigt er einen glänzenden Abschluß mit irischen Geschäftsleuten, die ihn als annehmbaren Geschäftspartner und handfesten Whiskytrinker kennenlernen. Was sich im Kontext Arbeitsplatz ungemessen und störend auswirkt, ist im Kontext Geschäftsverhandlung genau das richtige Verhalten.

Sie können die Reframing-Haltung gezielt üben. Gewöhnen Sie es sich an, schon bei alltäglichen Ärgernissen sofort innerlich mit der Überlegung »Wer weiß, wozu es gut ist!« zu reagieren. Das schützt Sie davor, Fehlschläge fatalistisch hinzunehmen, ohne nach Lösungen zu suchen. Sie bringen sich auch körperlich in eine Verfassung der »vorsorglichen Versöhnung«. Die *Versöhnungsphysiologie* ist gekennzeichnet durch eine gute Durchblutung, eine allgemeine Entspannung und einen Gehirnstoffwechsel, der einen optimalen Gedankenfluß zuläßt – was zur Lösungsfindung ja die Voraussetzung ist. Die *Problemphysiologie* dagegen geht einher mit einem ungünstigen Stoffwechsel, der unbewußt eine allgemeine innere Verspannung und vor allem Gedankenblockaden zur Folge hat. In einer solchen Verfassung sind Sie auch ein ungünstiges Vorbild. Gerade wenn etwas im Unternehmen schiefgelaufen ist, sollten Sie für Ihr Team durch eine Ausstrahlung von Gelassenheit und ungebrochener Kreativität der »Fels in der Brandung« sein. Die Reframing-Haltung bedeutet nicht, die negative Seite des Ereignisses zu tilgen. Sie verhilft Ihnen dazu, die Sache von *allen Seiten* betrachten zu können, also einen Überblick mit »Weitwinkel« zu bekommen.

Oft ergeben sich ohne eigenes Dazutun die positiven Aspekte von scheinbaren Fehlschlägen durch die Zeit von ganz allein. Eugen Roth faßte diesen Sachverhalt ungefähr so: »Der Mensch bleibt steh'n und schaut zurück, und sieht: sein Unglück war sein Glück!«

Ein junger Betriebswirt mit dem Steckenpferd Marketing wurde von einem mittelständischen Unternehmen als Medienmanager eingestellt. Dieses Ressort gab es zuvor in der Firma noch nicht, und er sollte es aufbauen. Der Erfolg von Medienarbeit läßt sich in der Regel nur längerfristig erkennen. Nach nur einem halben Jahr

Arbeit in diesem Unternehmen wurde diesem Mann schon wieder gekündigt. Der Grund: Wegen mangelnder Umsatzsteigerung wollten die Inhaber sparen und schafften alles »Überflüssige« ab. Weniger wichtig erschien ihnen auch der neue Medienbereich. Unser Klient war äußerst geknickt, hatte aber schnell Glück im Unglück und wurde von einer anderen Firma eingestellt. Der neue Job erweist sich heute als wichtigster Ausgangspunkt seiner erfolgreichen Karriere. Ohne die Kündigung hätte er nie zu dem anderen Unternehmen gewechselt. Kurze Zeit nach der neuen Anstellung erlebte die alte Firma plötzlich einen unverhofften Aufschwung – nicht zuletzt aufgrund der späten Auswirkungen seiner Medienarbeit. Daraufhin wurde sofort versucht, ihn wiederzugewinnen. Heute sagt er: »Ich hätte die Firma aus eigenen Motiven nie verlassen. Es war richtiges Glück, daß mir gekündigt wurde.« Er ist seitdem mit vorschnellen Urteilen zum Thema »Pech« äußerst zurückhaltend geworden.

Die offene Reframing-Grundhaltung ist auch die erste Voraussetzung für den kräftesteigernden statt energieverschwendenden Umgang mit persönlichen Erfolgsblockaden. Sie werden so lernen, scheinbare persönliche Nachteile sogar als Ihre individuellen Stärken zu erleben. Das »Systemmodell« der menschlichen Persönlichkeit dient Ihnen dabei als mentale Orientierung im konstruktiven Denken über Ihre eigene Person.

Die menschliche Persönlichkeit – Ein Universum mit System

Schon immer hat man in der Psychologie versucht, mit Modellen die menschliche Seele zu erfassen. Bekannt ist das historische Modell von Freud, wonach in uns das Über-Ich, das Ich und das Es in einem hierarchischen Miteinander wirken. Doch bis heute hat noch niemand das Über-Ich wirklich gesehen. Es handelt sich also um eine »Als-ob«-Annahme vom Bild der Psyche. Auch in den Naturwissenschaften, wie beispielsweise der Chemie, wurde jahrzehntelang äußerst erfolgreich mit einem »Als-ob«-Modell gearbeitet. Da ist die Rede von Elementen wie Wasserstoff oder Sauerstoff und von kleinen Teilchen, die unterschiedliche Verbindungen miteinander eingehen können: von Atomen und Molekülen. Ohne zu wissen, ob es diese Teilchen wirklich gibt, blieb man wegen der überzeugenden Ergebnisse bei den entsprechenden Grundannahmen. Jede Plastiktüte und jeder Kugelschreiber beweist Ihnen die erstklassige Güte dieses Modells.

In der Psychologie ist es also weniger wichtig, ob die angewandten vereinfachten Seelenmodelle der Wahrheit entsprechen oder nicht. Entscheidend ist vielmehr, wieweit sie uns bei der zielorientierten Arbeit nützen und helfen, einen möglichst direkten Weg zu gehen. Da das Gehirn die Zentrale im Menschen ist, von der Denken, Fühlen und Verhalten ausgeht, gilt es, die physiologische Arbeitsweise des Gehirns zu berücksichtigen. Wir müssen sehen, wie Informationen aufgenommen und verarbeitet werden und wie sie zu einem konkreten Handeln oder einer bestimmten körperlichen Befindlichkeit führen. So muß ein optimales Seelenmodell möglichst plausibel die »Gehirnwelt« wie eine Landkarte beschreiben können.

Wir legen beim *Coach-Yourself*-Training das Persönlichkeitsmodell aus dem neurolinguistischen Programmieren als Basis zugrunde. Es ist für Ihre Arbeit mit dem *Coach-Yourself*-Training wichtig, über diese Grundannahmen informiert zu sein, damit Sie das Modell effektiv für sich nutzen können.

Virginia Satirs systemischem Konzept liegt die Annahme zugrunde, man könne sich die Persönlichkeit eines jeden Menschen als aus vielen verschiedenen Teilen zusammengesetzt vorstellen. Auch in unserer Umgangssprache kommt diese Idee zum Ausdruck. So heißt es zum Beispiel: »Der steht sich selbst im Wege.« Wenn man sich zu diesem Satz ein Bild macht, sieht man zwei Figuren – also zwei Teile einer Persönlichkeit. Klassisch ist der Ausspruch: »Zwei Seelen sind in meiner Brust«, und fast jeder kennt das »Kind im Manne«.

Die verschiedenen Teile der Persönlichkeit können Sie sich sehr gut durch den Vergleich des Menschen mit einem Unternehmen verdeutlichen. Denken Sie an eine Firma, die in einem eigenen Gebäude untergebracht ist. Stellen Sie sich dieses Gebäude als ein Modell vor, dem das Dach fehlt, so daß Sie in die verschiedenen Räume Einsicht nehmen können. Diese Räume und Abteilungen mit den

95

Mitarbeitern stellen die Teile einer Persönlichkeit dar. Es gibt den Empfangsbereich, der bestimmt, wer das Haus betreten darf und wer nicht. Es gibt die Abteilungen Marketing und Finanzwesen, einen Betriebsrat und vieles mehr. Nun haben Sie als Betrachter des Modellhauses nur in einen Teil des Unternehmens Einsicht. Dort, wo die Wände den Einblick verhindern, gibt es jedoch auch Abteilungen und Mitarbeiter. In unserem Bild steht dieser verdeckte Bereich für das Unbewußte der Persönlichkeit. Wenn wir mit uns selbst nicht zufrieden sind, hadern wir in der Regel mit der Arbeit unserer »unbewußten Abteilungen«. Wenn Sie beispielsweise häufiger müde sind, als Sie es möchten, wird diese geistig-körperliche Reaktion mit Sicherheit nicht in einer einsehbaren Abteilung produziert. Sie können die Müdigkeit nicht willentlich bremsen, wie Sie jetzt beispielsweise willentlich die rechte Hand heben könnten.

Unabhängig davon, ob die Abteilungen nun einsehbar sind oder nicht, stellt sich die systemische Fragen: So viele Mitarbeiter und Unternehmenseinheiten in einem Hause – wie kommen die eigentlich miteinander aus? Es gibt hier verschiedene Möglichkeiten im täglichen Miteinander. Da gibt es Abteilungen, die arbeiten reibungslos »Hand in Hand« zusammen, und die Mitarbeiter akzeptieren und schätzen einander. Oft gibt es aber auch Abteilungen und Mitarbeiter, die sich gegenseitig im Wege stehen, unterschiedlich gut ausgestattet sind, vielleicht gar miteinander konkurrieren. Bestimmte Bereiche haben vielleicht gar keine Berührung miteinander, obwohl diese wünschenswert und für das Gesamtunternehmen durchaus förderlich wäre.

Bedenken Sie hier die Anforderungen, die an die Unternehmensführung heutzutage gestellt werden müssen. Neben der beständigen Flexibilität nach außen hin, wie beispielsweise die Reaktion auf sich wandelnde Märkte, ist auch die kontinuierliche interne Innovation erforderlich. Wie steht es mit der vielbeschworenen Corporate Identity? Existiert ein systemunterstützender Teamgeist? Arbeiten alle Mitarbeiter ökonomisch zusammen? Wie ist das Unternehmen technisch ausgestattet? Haben die Mitarbeiter ausreichende Kenntnisse wie etwa einen aktuellen Ausbildungsstand und eine angemessene Arbeitsplatzausstattung? Was nützt beispielsweise ein guter

Teamgeist in der Buchhaltung, wenn die Arbeitskräfte ohne EDV dasitzen? Oder ist gar ein modernes EDV-System installiert, mit dem nur wenige Eingeweihte umzugehen wissen? Was nützen dem Unternehmen hochqualifizierte Führungskräfte, deren Energie und Kreativität von Konflikten untereinander aufgefressen wird? Vergleichen wir die innere Organisation des Persönlichkeitssystems eines Menschen mit der Struktur eines durchschnittlichen Unternehmens, so finden wir im Unternehmen einen weitaus höheren Anspruch an die gelungene Integration der verschiedenen Abteilungen zugunsten des Gesamtsystems. Wenn die Buchhaltung uneffektiv arbeitet, käme niemand auf die Idee, sie abzuschaffen. Statt dessen würde man die technische Ausstattung optimieren. Die einzelnen Abteilungen mit ihren Zielen bleiben also erhalten und werden auf eine effektivere Arbeitsweise umgestellt.

Dies ist nur eines von vielen möglichen Bildern, das unser Persönlichkeitsmodell Ihnen als Arbeitsgrundlage zur Organisation des »inneren Unternehmens«, der Persönlichkeit, bietet. Nach einer gewissen Zeit können Sie die hier praktizierte Denkweise kreativ und »maßgeschneidert« auf die verschiedensten Persönlichkeitsteile anwenden.

Nach der konstruktiven Beschäftigung mit diesem Gedankengut wird Ihnen Ihre innere Welt reich und groß erscheinen. »Das ist kein inneres Unternehmen mehr, auch keine innere Welt – das ist ja ein inneres Universum«, stellte einer unserer Seminarteilnehmer kürzlich fest.

Persönlichkeitsteile im Widerstreit – Die »aktive Blockade«

Erfolgsblockaden zeigen sich an den täglichen menschlichen Reaktionen. Müdigkeit, Konzentrationsmangel, kein Ideenreichtum in wichtigen Verhandlungen, schlechte Laune, Lustlosigkeit, Übergewicht, Anfälligkeit für Krankheiten und vieles mehr. Es kann ein Zustand oder ein Verhalten sein, das uns an uns selbst stört. Zu dieser vom Bewußtsein unerwünschten Großwetterlage paßt repräsentativ der Ausspruch: »Ich stehe mir selbst im Wege.«

Im Denkmodell des Persönlichkeitssystems wird die Erfolgsblockade folgendermaßen in Worte gefaßt: »Es gibt einen unbewußten Teil in meiner Persönlichkeit, der für diese Erfolgsblockade verantwortlich ist und sie aufrechterhält.« Wir nennen diesen Teil zunächst neutral »Teil X«. Er zeichnet sich dadurch aus, daß das bewußte Wollen offenbar keinen – oder nur einen geringen – Einfluß auf das von ihm organisierte Verhalten oder Befinden hat. Denken Sie an dieser Stelle an ein eigenes Verhalten, mit dem Sie bei sich selbst schon lange unzufrieden sind. Es kann gleichermaßen im beruflichen wie im privaten Leben auftreten. Wir stellen hier den Fall eines Klienten dar, der sich mit der Klage, zur Zeit eine »Denkblockade« zu haben, an uns wandte. Als er zu uns kam, war das Problem äußerst akut. Er bereitete sich auf eine Präsentation bei einem sehr wichtigen Kunden vor, ohne bisher eine zündende Idee gehabt zu haben.

Wir nannten den unbewußten Teil zunächst entsprechend der Störung den »Blockadenteil«. Er zeichnete sich, wie eigentlich alle unbewußten X-Teile, durch drei Kriterien aus, die wir gezielt ansprachen. Denken Sie am besten jetzt an Ihre persönliche Blockade, und vollziehen Sie die folgenden Erläuterungen auf Sie gemünzt nach.

1. *»Teil X ist mächtiger als Sie, als das Bewußtsein.«*
Die meisten Betroffenen können diesen Satz recht gut annehmen, besonders wenn sich die Blockade oder das unerwünschte Verhalten schon sehr lange als hartnäckig erweist.

2. *»Teil X ist zuverlässiger als Sie.«*
Diese Aussage ist schon schwieriger zu akzeptieren. Aber auf seine Art und Weise ist der Teil sehr zuverlässig; denn er ist da und wirkt, wann er will. Vergleichen Sie die Zuverlässigkeit Ihrer Bemühungen, gegen den Teil X konsequent anzugehen, mit der Zuverlässigkeit seines Auftauchens! Sicherlich ziehen Sie hier den kürzeren.

3. *»Teil X ist klüger als Sie.«*
Bei dieser Überlegung zeigte unser Klient eine spontane Abwehrhaltung. Vielen fällt die Gewöhnung an diesen Gedanken schwer.

Wenn es Ihnen ähnlich geht, bedenken Sie, daß Klugheit oder Intelligenz nicht nur gespeichertes Wissen bedeutet. Intelligenz beweist sich auch in sozialen und psychologischen Schachzügen, in durchdachten strategischen Maßnahmen. Überlegen Sie, wie Sie sich bisher bemüht haben, diesen Teil zu bekämpfen. Wäre er nur stärker als Sie, hätten Sie mit Sicherheit durch eine kluge Strategie gewinnen können; denn Kraft allein macht noch nicht die Überlegenheit aus, mit der Ihr X-Teil sich Ihnen zeigt. Die Präsenz des Teils beweist seine strategische Stärke Ihrem Bewußtsein gegenüber und macht ihn somit klüger als Sie.

Es gibt also einen Teil in Ihrer Persönlichkeit, der äußerst mächtig, zuverlässig und klug arbeitet. So erklärt sich, warum Ihr Bewußtsein bisher relativ erfolglos in seinem Bemühen war, diesen Teil auszuschalten. Es wäre doch von großem Vorteil, einen Persönlichkeitsteil mit diesen hervorragenden Qualitäten als Verbündeten statt als Gegner zu haben. Unseren Klienten überzeugte diese neue Idee so weit, daß er sich darauf einlassen wollte.

Auf der Grundlage unseres Persönlichkeitsmodells können wir sagen: Niemals verfolgt ein Teil der Persönlichkeit das Ziel, der Körper-Seele-Einheit Mensch zu schaden, selbst wenn das auf den ersten Blick so erscheint. Wir können mit unserem eingeschränkten Bewußtsein nur nicht das Ausmaß und die Bedeutung der *guten Absicht,* die der Teil für unser Gesamtsystem verfolgt, beurteilen.

Verdeutlichen Sie sich dies anhand des folgenden Beispiels: Spontan bewerten wir körperliche Gewalt als negativ. Wenn jedoch ein Rettungsschwimmer einen Ertrinkenden k. o. schlägt, um ihn erfolgreich aus dem Wasser ziehen zu können, wird die körperliche Gewalt in guter Absicht eingesetzt. Dieses Beispiel paßt auch recht gut zu der »Denkblockade« unseres Klienten, denn er drückte sich in seiner Verzweiflung wortwörtlich so aus: »Es ist, als wäre ich mit meinem Kopf gegen eine Wand gelaufen.«

Die gute Absicht (Ziel) und die Methoden (Weg, Werkzeug), die ein Teil X zur Verwirklichung seiner Ziele einsetzt, sind getrennt zu bewerten.

Wenn uns ein Teil unserer Persönlichkeit scheinbar im Erfolgsstreben behindert, so ist dies nicht als ein unbewußtes »Nein« zum angestrebten Ziel zu bewerten. Das »Nein«, in unserem Fall die

Denkblockade eines unbewußten Teils, heißt vielmehr: »Nein – auf diese Weise. Ja – auf eine bestimmte andere Weise oder unter folgender Bedingung.« Hierzu das folgende Beispiel:

Jemand bereitet sich auf eine Reise vor. Kurz bevor er das Haus verläßt, ruft man ihn noch einmal zurück: »Hast du auch wirklich deinen Ausweis eingesteckt? Schau lieber noch mal nach!« Der Frager bremst hier den Reisenden, hält ihn auf. Er tut dies aber nicht, weil er die Reise verhindern möchte, im Gegenteil: Ihm ist daran gelegen, daß die Reise besonders gut gelingt, und er checkt vorausschauend wesentliche Bedingungen dafür.

Konstruktiver Umgang mit den eigenen Erfolgsblockaden bedeutet: Wir erkennen die Energie, die diese Blockade aufrechterhält, als eine positive Kraft mit einer guten Absicht für das Gesamtsystem an. Statt sie zu unterdrücken, versuchen wir diese Energie in unseren Erfolgskurs mit einzubeziehen. Die Störung liegt nicht in der guten Absicht, die der Teil X hat. Die Störung liegt nur in der Art und Weise, wie der Teil zur Zeit arbeitet.

Es ist an dieser Stelle noch nicht wichtig, die gute Absicht des Teils X zu erraten. Vielmehr ist Ihre mentale Grundhaltung der Störung gegenüber entscheidend. Sagen Sie sich: »Ich akzeptiere, daß du etwas Wichtiges für mich tust. Deshalb möchte ich dir ein Friedensangebot machen. Ich würdige deine gute Absicht. Vielleicht kannst du dann neue Wege für deine Arbeit suchen, Wege, die effektiv wirken und mir vom Bewußtsein her sympathisch sind.«

So baten wir unseren Klienten, seinen »Blockadenteil« in Gedanken anzusprechen. Dabei ist es wichtig, auf Ihren inneren Tonfall zu achten. Wie sprechen Sie mit dem Teil X? Es geht nicht um ein serviles »Honig-um-den-Bart-Schmieren«, sondern lediglich um eine ganz alltägliche Form der Höflichkeit, die Sie sich auch wünschen, wenn ein anderer Sie um ein Entgegenkommen bittet.

Wenn Ihre Aufmerksamkeit nach innen gerichtet ist, lassen Sie sich und dem Teil X etwas Zeit. Wenn Sie nicht gleich eine Eingebung zur guten Absicht erhalten, lassen Sie die Frage an diesen Teil ruhig einige Tage in Ihnen reifen. Der entscheidende Schritt ist bereits mit der Bereitschaft getan, die gute Absicht für möglich zu halten. Der erste Grundstein zum gelebten Selbstvertrauen ist gelegt. *Selbstvertrauen ist nur dann möglich, wenn Sie allen Ihren Impulsen dahinge-*

hend vertrauen, daß sie sich positiv auf Ihre gesamte Person auswirken. Alle Ihre Impulse haben eine eigene Intelligenz – selbst wenn Sie sie nicht auf Anhieb gleich verstehen. Grundsätzliches Mißtrauen dem eigenen Verhalten gegenüber schließt Selbstvertrauen psychologisch betrachtet aus. Und Selbstvertrauen ist der Garant für die Selbstsicherheit, die von Führungskräften zu Recht erwartet wird.

Übung:
Konstruktiver Umgang mit eigenen »Erfolgsblockaden«

1. Benennen Sie bitte für sich ein Verhalten, das für Sie eine Erfolgsblockade darstellt. Vergegenwärtigen Sie sich: Ein unbewußter Teil Ihrer Persönlichkeit ist für diese Störung zuständig. Nennen Sie ihn im folgenden »Teil X«, »Blockadenteil«, oder geben Sie ihm einen Namen Ihrer Wahl, der sich auf das Störungsphänomen bezieht.

2. Denken Sie an Ihre bisherigen Versuche, den Teil auszuschalten, und lassen Sie auf sich noch einmal die drei Kriterien der Überlegenheit von Teil X wirken.
   1) Teil X ist *mächtiger* als Sie.
   2) Teil X ist *zuverlässiger* als Sie.
   3) Teil X ist *klüger* als Sie.

3. Überlegen Sie sich die Vorteile, die es hätte, einen eigenen Persönlichkeitsteil mit solchen Eigenschaften als Verbündeten zu haben.

4. Machen Sie sich den Unterschied zwischen guter Absicht und der Methode von Teil X bewußt:
   – Es ist angemessen, mit der Methode unzufrieden zu sein.
   – Trotzdem hat Teil X eine gute Absicht für mich, die ich momentan noch nicht kenne oder nur erahne

5. Internales Friedensangebot!
   »Ich würde mich gern mit dir verbünden, mit dir einen Vertrag machen: Die gute Absicht bleibt erhalten, nur die Methoden, die Energie wird verändert.«

6. Sie lassen dem Gedankenfluß Raum. Wenn Sie eine Idee zur guten Absicht bekommen, bedanken Sie sich innerlich bei dem Teil X. Pflegen Sie den inneren Dialog weiterhin. Würdigen Sie

den Teil im Selbstgespräch auch dann, wenn der zündende Gedanke zur guten Absicht nicht gleich kommt. Pflegen Sie so Ihr Selbstvertrauen.

Hinweise zur Übung:

- Bedenken Sie: Das Unbewußte kann mit uns nicht so kommunizieren, wie Sie es mit anderen Menschen tun, denn es kann sich nicht vorstellen, Sie nicht anrufen, kein erklärendes Fax schikken. Achten Sie daher auf die inneren Wahrnehmungen, die das Unbewußte auch sonst als Signale an das Bewußtsein schickt: Tauchen Bilder oder Ideen auf? Gibt es Gedanken, eine innere Stimme, fällt Ihnen ein Stichwort ein? Spricht Ihr Teil eher durch ein Körpergefühl zu Ihnen? Oft haben die inneren Signale – ähnlich wie Träume – Symbolcharakter, den man erst auf sich wirken lassen muß, bevor man ihn ganz versteht.
- Beschäftigen Sie sich bitte eine Weile mit der folgenden Liste der verschiedenen Persönlichkeitsteile. Sie inspirieren so neue Gedanken für die eigenen unbewußten Motive.
- Sowie Sie eine gute Absicht erleben, geben Sie dem Teil einen neuen Namen. Nennen Sie ihn je nach ihren intuitiven Erkenntnissen »Sicherheitsteil« oder »Freiheitsteil«. Dieser Schritt ist für ein erfolgreiches *Reframing* des zuvor ungeliebten Teils von entscheidender Wichtigkeit.

Liste der Persönlichkeitsteile

Hier finden Sie Bezeichnungen der Persönlichkeitsteile, wie sie unsere Klienten im Laufe der Jahre immer wieder auf der Suche nach unbewußten guten Absichten genannt haben. Diese Liste soll Ihnen das Brainstorming erleichtern und ist nur ein Anhaltspunkt für die Vielfältigkeit des inneren Reichtums. Selbstverständlich kann es sein, daß Sie durch Ihre individuellen Erlebnisse weitere Bezeichnungen finden.

Vorstellungsmöglichkeiten: weiblich / männlich / neutral, jung / alt, reales Modell / Phantasiefigur / ein »Prinzip« (das Meer, die Sonne usw.).

Bezeichnung	Gute Absicht/Positive Funktion
Freiheitsteil	steht für die Unabhängigkeit und die Autonomie der Persönlichkeit.
Sicherheitsteil	organisiert meist über Leistung die existentielle Absicherung der Person.
Geborgenheitsteil	sorgt für Erlebnisse von Wärme und Nähe, meist im Zusammenhang mit anderen Menschen.
Kontaktteil	trägt unserer Existenz als soziales Wesen Rechnung, wobei Geborgenheit nicht unbedingt eine Rolle spielen muß.
Lebensfreudeteil	bewertet unsere Aktivitäten und unser Befinden hinsichtlich einer positiven Lebensqualität wie Spaß oder Befriedigung der Neugierde.
Überlebensteil	achtet auf die primäre körperliche Unversehrtheit, wobei die Lebensqualität keine Rolle spielt.
Beschützerteil	bewahrt vor Gefahren und Verletzungen auch auf der sozialen und persönlichen Ebene.

Bezeichnung	Gute Absicht/Positive Funktion
Lebenssinnteil	hat zum Ziel, im Leben etwas Sinnvolles zu tun, »eine Spur auf dieser Welt zu hinterlassen«, wozu es sich zu leben gelohnt hat.
Zufriedenheitsteil	möchte das »Sattwerden« unserer Sinne, das Gefühl, genug bekommen zu haben.
Harmonieteil	strebt nach einem ganzheitlichen Erleben der äußeren und inneren Welt, steht für Frieden.
Energiehaushaltsteil	teilt unsere geistigen und körperlichen Kräfte mit einer langfristigen Zielsetzung ein. Reguliert oft durch Müdigkeit, Konzentrationsmangel oder gar Krankheiten.
Würdeteil	steht für Eigenschaften wie Stolz und Ehre der eigenen Person.
Konservativer Teil	schützt vor vorschnellen Veränderungen, der Bewahrer.
Progressiver Teil	ist stets auf der Suche nach Innovation, Entfaltung, Bereicherung, neuen Möglichkeiten. Er ist der Sucher.
Kritischer Teil	liefert uns Beurteilungen zu neuen Eindrücken und Erlebnissen, die gleichermaßen negativ und positiv sein können.
Solidaritätsteil	stärkt und unterstützt Erlebnisse von Zugehörigkeit wie Wir-Gefühl, Familienzusammengehörigkeit, Nationalität, Corporate Identity.
Narzißmusteil	möchte, daß wir uns selbst schön und attraktiv finden.
Selbstwertteil	meint, daß wir bedeutsam sind – allein schon durch die Tatsache, daß wir auf dieser Welt sind.

Bezeichnung	Gute Absicht/Positive Funktion
Ethischer Teil	befähigt uns, in andere Menschen und Wesen hineinzudenken und dadurch ein Gerechtigkeitsempfinden zu entwickeln.
Motivationsteil	will in uns Kräfte zum Erreichen von Zielen wecken und aufrechterhalten.
Anerkennungsteil	ist der Meinung, unsere Anstrengungen verdienten ein Lob. Da Lob in unserer Gesellschaft einen schlechten Ruf hat (»Eigenlob stinkt«), muß dieser Teil oft indirekt durch Essen, Trinken oder Geld ausgeben agieren.
Spiritueller Teil	beschäftigt sich individuell mit Fragen der geistigen Welt, die unser Dasein beeinflußt. Wird oft in Religion, Esoterik und Philosophie ausgelebt.
Kreativer Teil	Diesem Teil kommt gerade bei der Persönlichkeitsentfaltung sowie bei Veränderungsprozessen eine zentrale Rolle zu. Er steht für den Fundus von allen Erlebnissen, Erfahrungen und Verhaltensmustern, Lernprogrammen, Erziehung und Wertvorstellungen, denen wir im Laufe unseres Lebens begegnet sind. Er kennt somit all unsere brachliegenden Kraftquellen und Möglichkeiten. Ist er im Einsatz, scheint der Ideenreichtum kein Ende zu haben, und unsere Leistungen ergeben sich spielerisch wie von selbst. Daher können wir es oft kaum verstehen, wenn andere die Produkte unserer Kreativität ehrfürchtig bewundern, denn uns selbst ist die Leistung ja so leichtgefallen.

Die Vernetzung der »Blockade« im Persönlichkeitssystem

Wenn Sie sich noch einmal die Liste der meistgenannten Persönlichkeitsteile ansehen, bekommen Sie vielleicht eine Vorstellung von den Möglichkeiten der Vernetzung einzelner Blockaden. Am Beispiel »Unpünktlichkeit« können wir das exemplarisch erörtern. Hier könnten beteiligt sein:

Der Kontaktteil:	Alle von der Unpünktlichkeit betroffenen Mitmenschen wie Kollegen, Sportsfreunde und Partygäste nehmen den Zuspätkommer bewußt wahr, sprechen ihn an und schenken Beachtung.
Der Narzißmusteil:	Unpünktlichkeit als Image.
Der Freiheitsteil:	Unpünktlichkeit als Zeichen der Ablehnung äußerer Zwänge.
Der Energiehaushaltsteil:	sorgt bei Erschöpfung und Übermüdung für ein paar ruhige Minuten mehr im Bett.

Diese Reihe könnte noch fortgesetzt werden. Entscheidend ist zu wissen, daß die unbewußten Teile sehr wohl üble Nebenwirkungen wie die Gefährdung des Arbeitsplatzes und die Verärgerung guter Freunde haben können. Wenn jedoch das Unbewußte des Unpünktlichen ein guter Buchhalter ist, dann verrechnet es die Nachteile mit der Gewinnseite. Bestimmt verspätet sich derjenige weiterhin, wenn die Bilanz insgesamt nach Abzug der Nebenwirkungen einen Gewinn aufweist.

Vielleicht wissen Sie nach diesem Beispiel bereits mehr über die gute Absicht Ihres eigenen Blockadenteils. Als weitere Hilfestellung können Sie auch die »Zukunftsprobefahrt« machen, die Ihnen wertvolle Hinweise geben kann auf die gute Absicht Ihres Teils X.

Stellen Sie sich selbst die Frage nach einer problemfreien Zukunft. Dabei gehen Sie von der Vorstellung aus, das Problem sei plötzlich nicht mehr da. In welchen Bereichen würde das Schwierigkeiten mit sich bringen? Überlegen Sie sich negative Konsequenzen – selbst wenn sie zunächst noch so hypothetisch wirken sollten.

Übung:
Welche positive Funktion erfüllt der »Blockadenteil« in meinem Persönlichkeitssystem?

1. Denken Sie bitte an das Verhalten oder Befinden, das Sie für sich als Erfolgsblockade definiert haben.
2. Machen Sie die »Zukunftsprobefahrt«.
   Das Verhalten oder die Befindlichkeit X ist plötzlich nicht mehr da. Sie haben immer geglaubt, sich darüber zu freuen. Denken Sie jetzt jedoch an drei mögliche negative Konsequenzen, die das Verschwinden vom Teil X auch zur Folge hätte, und seien sie auch noch so hypothetisch.
   1) Negative Konsequenz:_____   Teil:_____
   2) Negative Konsequenz:_____   Teil:_____
   3) Negative Konsequenz:_____   Teil:_____
3. Überprüfen Sie anhand der Persönlichkeitsteilliste, welcher Teil ein Interesse daran hätte, die negative Konsequenz zu boykottieren.
   Beispiel: Wenn meine volle Konzentrationsfähigkeit immer da wäre, würde ich mich sofort um mehr Aufgaben kümmern, als ich bewältigen kann. Dies würde meinem Energiehaushaltsteil und meinem Familienleben, dem Geborgenheitsteil, nicht gefallen.
4. Bestimmen Sie mit Hilfe der Liste die drei entsprechenden Teile, die zu den negativen Konsequenzen passen.
5. Berücksichtigen Sie auch Ihre eigenen Vermutungen hinsichtlich der guten Absicht des X-Teils für Ihr Gesamtsystem.
6. Würdigen Sie im inneren Dialog die gute Absicht der Teile. Bedanken Sie sich innerlich dafür, daß die Teile oder der Teil die Verantwortung für diesen Aspekt Ihrer Persönlichkeit so gewissenhaft übernommen hat.

Hinweis zur Übung:
- Der innere Dank ist äußerst wichtig. Mit *Coach Yourself* sollen Sie Ihre Persönlichkeit stärken lernen. Das geht nur, wenn im Haus der Psyche die gleichen respektvollen Höflichkeitsregeln gepflegt werden, wie Sie selbst es auch im Umgang mit anderen tun. Allein das Wort »danke« im eigenen Persönlichkeitssystem ist bereits ein durch die Sozialisation etablierter Anker für eine positive Reaktion des Gehirns. Es verstärkt gesundheitsfördernde Prozesse im menschlichen Organismus. Da es keinen Menschen gibt, mit dem Sie so viel zusammen sind wie mit sich selbst, ist die gute Beziehungspflege zwischen Ihnen und Ihrem inneren Erleben eine Voraussetzung für den inneren Frieden und den Teamgeist Ihrer Persönlichkeitsteile.

Von der Blockadendynamik zum Lokomotiveffekt

Wir haben gesehen, inwieweit der Teil X durchaus eine positive Funktion haben kann, selbst wenn er in uns das Problemverhalten bestimmt. Momentan ist es diesem Teil nicht möglich, auf eine andere Art und Weise sein Ziel anzustreben.

Vergleichen wir wieder die Organisation der Persönlichkeit mit der eines Unternehmens. Angenommen, Sie arbeiten im Marketingbereich und bekommen die Rückmeldung, Ihre Werbung sei zu langweilig und oberflächlich gewesen. Die Konsequenz wäre ja nun nicht, die Marketingabteilung abzuschaffen, weil man sich gerade über diese Abteilung ärgert. Werbung ist und bleibt weiterhin wichtig für ein Unternehmen. Die gute Absicht muß also unbedingt erhalten bleiben. Die Lösung des Problems könnte vielmehr sein: Man hat sich viel zu lange nicht mehr um diese Abteilung gekümmert und deren Bedeutung für das Gesamtsystem unterschätzt. Schlechtes Werben muß also durch effektives Werben und nicht durch gar kein Werben ersetzt werden.

Wenn die positive Funktion eines Problemverhaltens erkannt worden ist, haben wir gewissermaßen auf der Landkarte der Problemlösungen festgelegt, wo Rom ist. Es gilt also die Frage: Wie kann ich

Rom auch erreichen ohne unangenehme Nebenwirkungen? Vielleicht bin ich bis jetzt immer einen steinigen Feldweg gegangen und könnte statt dessen eine Autobahn ausbauen. Vielleicht sollte ich überhaupt nicht mit dem Auto, sondern mit dem Zug fahren. Wenn die Zeit keine Rolle spielt, kann ich vielleicht einen Umweg durch eine schöne Landschaft machen, denn auch dieser Weg führt nach Rom und macht außerdem mehr Spaß.

Es könnte auch sein, daß man bisher immer versucht hat, mich nach Rom zu zerren. Die Lösung liegt dann darin, selbst zu gehen und bewußt die Verantwortung für das Erreichen dieses Zieles zu übernehmen. So muß nicht mehr gewaltsam an mir gezogen werden. Für unseren Klienten mit der »Denkblockade« traf genau die letztgenannte Lösung zu. Als er in sich ging, um mit seinem Teil Kontakt aufzunehmen, tauchte plötzlich das Bild von Schlittschuhläufern in ihm auf. Das war zu der Zeit, als in Hamburg die Gewässer zugefroren waren. Er erzählte uns, er sei schon jahrelang nicht mehr Schlittschuh gelaufen, obwohl er diesen Sport sehr liebe. »Die ganzen letzten Tage habe ich gedacht: ›Ach, ich würde auch gerne wieder laufengehen‹, aber ich habe mich zurückgehalten, da ich ja an der Präsentation arbeiten wollte und auch am Wochenende in die Firma mußte.« Er war zwar weiterhin zum Squash gegangen; diesen Sport führt er jedoch nur aus reinen Vernunftgründen aus. Schlittschuhlaufen hätte einfach nur Spaß gemacht und erschien ihm daher überflüssig. Es stellte sich heraus, daß sein »Lebensfreudeteil« ihm schon lange verübelt, daß er in Phasen angestrengter Arbeit Zerstreuung kategorisch ablehnt und auf später vertagt. Er versprach seinem »Lebensfreudeteil«, trotz aller Verpflichtungen noch am selben Abend Schlittschuh zu laufen. Schon der nächste Tag verlief »blockadenfrei« Obwohl das Eis inzwischen geschmolzen ist, übernimmt er seit diesem denkwürdigen Tag ganz bewußt die Verantwortung für einen angemessenen Ausgleich zwischen Arbeit und Freizeit. »Diese erfolgreiche innere Verhandlung hatte einen regelrechten Lokomotiveffekt. Es ist so, als würde der Lebensfreudeteil, mich bei der Arbeit nicht nur in Ruhe lassen, sondern auch noch mitziehen.«

Übung:
Neue Wege statt Sackgassen

① Sie vergegenwärtigen sich noch einmal die drei Teile der Persönlichkeit, die Sie in der Übung zuvor als zuständig für Ihre Erfolgsblockade bestimmt haben. Stellen Sie sicher, daß die neuen Namen in einem *positiven Sinne die gute Absicht wiedergeben* – z. B. statt »Blockadenteil« ab jetzt »Lebensfreudeteil«. Wählen Sie den Teil heraus, der Ihnen im Zusammenhang mit der Erfolgsblockade am wichtigsten erscheint.

② Gehen Sie nach innen, und würdigen Sie diesen Teil:
  – Ich möchte dir einen neuen Namen geben, der deine gute Absicht würdigt. Für mich bist du ab jetzt der ». . . -Teil«.
  – Ich möchte mich bei dir dafür bedanken, daß du für diesen Aspekt in meinem Leben die volle Verantwortung übernommen hast. Du hast dich bei deiner Aufgabenerfüllung sogar durch meinen Unwillen nicht abhalten lassen und hast unbeirrt die gute Absicht weiterverfolgt.
  – Ab jetzt werde ich die Verantwortung mit dir teilen und vom Bewußtsein her für die Erfüllung der guten Absicht sorgen.

③ Denken Sie an die positive Absicht des Teils.
  Finden Sie für sich *drei neue Wege,* die Sie vom Bewußtsein her gehen können, um die gute Absicht zu verwirklichen.
  Weg 1: _____
  Weg 2: _____
  Weg 3: _____

④ Überlegen Sie sich einen akzeptablen Zeitrahmen zur Verwirklichung der neuen Wege.

⑤ Sollten Sie in Zukunft die Blockade noch einmal erleben, sprechen Sie den Teil innerlich gleich an: »Ich weiß, du hast recht, vielen Dank für den Hinweis. Ich verspreche dir, für deine gute Absicht bewußt aktiv zu werden.« Sie werden erleben, wie die Blockade sich dann auflöst.

Hinweise zur Übung:
• Bedenken Sie, daß Sie sich von Ihren Teilen nicht einfach so trennen können: Sie können ihnen nicht kündigen, sich nicht von ihnen scheiden lassen, nicht bei ihnen ausziehen. Verdrängte,

nicht gelebte und unerwünschte Teile wandern in den Untergrund und verüben von dort aus »Anschläge«. Um es erst gar nicht soweit kommen zu lassen, ist der ideale Weg, die Verantwortung bewußt zu übernehmen. Der erwachsene Teil Ihrer Persönlichkeit ist aufgefordert, für die gute Absicht der Teile die Verantwortung zu tragen.

• Ihr Vorhaben muß nicht stehenden Fußes in die Tat umgesetzt werden, damit der Teil X die Blockade zurücknimmt. Es reicht durchaus ein ernsthaftes In-Aussicht-Stellen und auch der gute Wille. Die Teile sind in der Regel nicht ungeduldig, sie bestehen aber auf respektvoller Würdigung ihrer Existenz.

• Bemühen Sie sich jedoch nach einer angemessenen Zeit, die Versprechen Ihrem Teil X gegenüber einzulösen. Selbstvertrauen resultiert nicht nur aus Ihrem Entgegenkommen den Teilen gegenüber, sondern auch aus dem Vertrauen in alle Aspekte Ihrer Persönlichkeit.

Wie motiviere ich mich optimal?

Auch wenn es keinerlei ökologische Einwände der Persönlichkeitsteile gegen das Erreichen eines Zieles mehr gibt, gilt es immer noch, die wichtigste Hürde zu nehmen: Die Veränderung muß vollzogen werden. Das Ziel muß sich im Gehirn durch neue neuronale Verknüpfungen zu einem stabilen Engramm entwickeln. Ihre Flexibilität ist gefordert, also die grundsätzliche Bereitschaft zu Veränderungen. Trotz aller Überzeugung von der Richtigkeit der Sache kostet das Umsetzen in die Tat Anlauf und Kraft. So schön das Ergebnis hinterher sein mag – es gilt, die mentale und körperliche Durststrecke zu überwinden.

Zum Überwinden der Durststrecken auf dem Weg zu einem persönlichen oder beruflichen Ziel ist der Motivationsstil der Persönlichkeit von entscheidender Bedeutung. Motivation bedeutet, in jemandem die Kraft zu erzeugen, die aufgebracht werden muß, um ein Ziel zu erreichen. Gerade wenn die Umsetzung des Zieles mit Unannehmlichkeiten verbunden ist, benötigt man eine besonders wirkungsvolle Motivation.

Wir unterscheiden hier zwischen zwei wesentlichen Formen der Motivation, die im zwischenmenschlichen Kontakt in der Regel angewandt werden.

1. Die negative Motivation
Man malt alle Unerfreulichkeiten aus, die einem widerfahren könnten, wenn das gesteckte Ziel nicht erreicht wird. Am drastischsten ist die Schilderung von der Endstation »Gosse« oder von der Mißbilligung anderer beim Mißlingen Ihres Unternehmens. Die Wirkung solcher Schwarzmalerei beruht auf der Aversion und Angst vor den negativen Konsequenzen. Die Angst zu versagen kann so stark sein, daß der so Motivierte alle Kräfte zusammennimmt, um die Katastrophe nicht erleben zu müssen. Die Unannehmlichkeiten des Veränderungsprozesses werden demgegenüber als »halb so schlimm« wahrgenommen.

2. Die positive Motivation
Hier wird die Zielvorstellung verstärkt. Man hebt alles Positive und Angenehme hervor, das beim Erreichen des Ziels eintreten wird. Diese Aussicht wird so konkret und lebendig geschildert, daß sie an Gefühlsintensität beim Motivierten weitaus stärker wahrgenommen wird als die voraussichtlichen Unannehmlichkeiten auf dem Wege dorthin. Es entsteht eine starke Sehnsucht, das positive Erlebnis zu erreichen, und der so Motivierte faßt die negativen Begleitumstände des Veränderungsprozesses als sekundär auf.
Beide Motivationsformen funktionieren; die positive Motivation ist jedoch wesentlich erfolgreicher. Zur Veranschaulichung hier der Vergleich mit gutem und minderwertigem Treibstoff: Bei letzterem fährt das Auto auch, jedoch nicht so schnell und mit mehr Verschleiß.
Die Ursache für die verschiedene Wertigkeit beider Motivationsformen ist unsere körperliche Reaktion auf sie. Vereinfacht ausgedrückt, kennt unser vegetatives Nervensystem zwei verschiedene Formen der Aktivierung. Bei der *sympathischen Aktivierung* sind in uns die archetypischen Angriff-Flucht-Potentiale im Einsatz. Dazu zählt ein hoher Muskeltonus, beschleunigter Herzschlag, Verengung der Gefäße, Adrenalinspitzen und eine eingeengte Wahrneh-

mung. Die eingeengte Wahrnehmung erlaubt es, sich auf nur einen Gedanken – wie »siegen« oder »schnell weg hier« – zu konzentrieren und alle anderen Überlegungen auszuschalten. Dieses Notprogramm ist also für kurze körperliche Höchstleistungen in Gefahrensituationen gedacht. Bei der negativen Motivation wird die sympathische Aktivierung als Dauerzustand angeregt. Diese Aktivierung steht jedoch der Erreichung Ihrer persönlichen und beruflichen Ziele eher im Wege. Sie streßt den Körper und verhindert den »Weitwinkel der Gedanken«. Für das Erreichen bestimmter Ziele wäre es eine Katastrophe, wenn Ihr Gehirn dahingehend aktiviert ist, nur einen Gedanken denken zu können.

Die *parasympathische Aktivierung* des Nervensystems bewirkt die allgemeine Entspannung der Muskulatur, eine gute Durchblutung, eine hohe Lernfähigkeit und die Förderung Ihrer Kreativitätspotentiale durch einen gesteigerten Gedankenfluß. Der Körper ist nicht mit dem Abbau von Stoffwechselspitzen überlastet. Diese Aktivierung tritt unbewußt und automatisch bei der positiven Motivation ein.

Nach wie vor existiert bei uns eine gewisse Scheu vor positiver Motivation oder gar Lob und Bestätigung. Sie steht unberechtigterweise im Ruf, den Leistungswillen und den Charakter zu verderben. Wir haben oft das Gegenteil erlebt. Negative oder gar fehlende Motivation sowie fehlendes Lob sind oft der Auslöser für die Entstehung von Charakterschwächen wie Suchtverhalten oder unangemessenes Konsumverhalten. Das Unbewußte organisiert hier verdeckt die ausgebliebene Anerkennung (Anerkennungsteil). Beobachten Sie einmal kleine Kinder, die ihr Bedürfnis nach Anerkennung und positiver Motivation noch ganz offen und ohne Schamgefühl zeigen. Wenn ein Kind meint, es hätte ein hübsches Bild gemalt, läuft es damit herum und sagt jedem Erwachsenen: »Guck mal, was ich für ein tolles Bild gemalt habe.« Selten bleibt ein Kind nach einer gelungenen Leistung bescheiden in der Ecke sitzen und wartet geduldig auf ein freiwilliges Lob. Lob und die Freude am Erfolg sind hier noch der natürliche Leistungsmotor.

Schon wenige Jahre später setzt durch ungünstige Erziehung oft die negative Motivation ein: »Steh auf, oder möchtest du, daß der Lehrer mit dir schimpft?« Der Satz tut seine Wirkung, wenn das Kind sich mit Hilfe der Phantasie das böse Gesicht des Lehrers internal so lebhaft und bedrohlich vorstellt, daß es einen Schreck bekommt und aus dem Bett springt. Viele Jahre später ist es dann der kritisch schauende Vorgesetzte, der einen aus dem Bett treibt.

Wir hatten einmal einen intelligenten Schüler bei uns, dessen Noten auf dem Gymnasium sehr weit abgerutscht waren. Seine Versetzung und langfristig auch das Abitur standen auf dem Spiel. Das wurde ihm von Eltern und Lehrern immer wieder eindringlich geschildert. Er entwickelte jedoch keine »segensreiche Angst«. In der Therapie antwortete er auf die Frage nach seiner Lieblingsbeschäftigung provokativ: »Schlafen.« Dabei geriet er so richtig in die Ressourcenphysiologie, Wir erzählten ihm von den Vorteilen des Studentenlebens hinsichtlich seines Hobbys: Stundenpläne könnten bei bestimmten Studiengängen selbst gestaltet werden, so daß er auch einmal ausschlafen könne. Es gäbe lange Semesterferien und vergnügliche Studentenfeten. Nach dieser Stunde fing er zu lernen an. Er arbeitete hart für die Freuden eines Studentenlebens, sein Notendurchschnitt hob sich an, und er schaffte letztendlich mühelos das Abitur. Ihm hatten das lohnende Ziel und die positive Motivation gefehlt.

Als Erwachsene müssen wir uns selbst dazu bringen, pünktlich zu sein und Prüfungen zu bestehen, da uns weder Eltern noch Lehrer von außen unterstützen und durch Sprache lenken. Erwachsenwerden ist durch den Prozeß einer immer stärker werdenden Selbstkommunikation gekennzeichnet. Dabei neigen wir dazu, Motivationsstile unserer lebensgeschichtlichen Vorbilder zu internalisieren. Da dies meist unzensiert geschieht, ist es dann persönliche Glückssache, ob die verinnerlichte Motivationssprache positiv oder negativ geladen ist.

Es ist nicht allzu schwer, mit Hilfe der Selbstwahrnehmung unseren Motivationsstil Mitarbeitern gegenüber kritisch zu betrachten, um ihn dann optimieren zu können. Unberücksichtigt bleibt eben wieder die *Eigenmotivation des Managers*. Eigenmotivation wirkt ebenso wie Motivation von außen. Sie ist aber durch den meist unbewußten Ablauf von sehr subtiler Wirkungsweise. So kann es zu folgendem Paradoxon im internalen Dialog kommen: »Meine Güte, ich bin wirklich zu dumm, um die Leute positiv zu motivieren. Wenn das so weitergeht, laufen mir alle weg, und ich lande in der Gosse.« Solche Gedanken schwächen und lassen die Schultern mutlos heruntersinken. Eigentlich hat dieser Gedanke aber eine gute Absicht: Er will in dem Betroffenen die Kräfte wecken, die zur Erreichung des Zieles gebraucht werden. Vom Effekt her tritt jedoch das Gegenteil ein.

Überprüfen Sie bitte selbstkritisch für sich, ob Sie in angespannten Leistungssituationen eher mit einer negativ geladenen Stimme zu sich selbst sprechen. Testen Sie Ihren Umgang mit sich selbst bei Mißerfolg. Versuchen Sie, diese innere Stimme zu charakterisieren. Schimpft sie, nörgelt sie, oder fallen eher entwürdigende und zynische Bemerkungen? Nehmen Sie sich folgenden Gedanken zur Hilfe: Im Theater oder Film spielen Schauspieler nicht immer einen Menschen, sondern oft einen Aspekt des Menschen, wie etwa die Trauer, die Freude oder das schlechte Gewissen. Wie müßte Ihr schlechtes Gewissen, also Ihre negative Motivation, charakteristisch dargestellt werden? Eine Seminarteilnehmerin berichtete kürzlich, daß sie sich diesen Teil ihrer Persönlichkeit gar nicht wie einen Menschen, sondern wie einen unfehlbaren Computer vorstelle, der ihr mit einer seelenlosen und mechanischen Stimme alle ihre Fehler aufzähle. Schon das Sprechen darüber ließ sie richtig mutlos wirken. Diese Metallstimme bringt ihre ganze Kreativität, die sie in ihrem Beruf dringend benötige, zum Absterben. So bekommt sie innerlich zwar zuverlässig ihre Fehler genannt, doch die Antriebskraft sinkt auf Null.

Ähnliche Erfahrungen machen fast alle Seminarteilnehmer mit ihren inneren Stimmen, wenn wir den sogenannten »Außencheck« durchführen. Man stellt sich dabei ganz einfach vor, ein Mensch würde von außen genauso sprechen wie die innere Stimme: Gibt das Kraft, oder nimmt es die Zielenergie? Neben Mutlosigkeit und schrumpfendem Selbstwertgefühl ist der Trotz ein stark hemmendes Phänomen. Es gibt Menschen, die reagieren auf ihre eigene innere Stimme mit Auflehnung. Sie hören sich selbst nicht mehr zu und unternehmen alles, um der inneren Stimme zu zeigen, daß man so nicht mit ihnen sprechen kann. So erweist sich manche Erfolgsblockade als ein massives Trotzphänomen. Den Trotzigen interessiert es in der Regel nicht, wie viele Scherben durch sein Verhalten entstehen. Trotz ist eine Kritik an den Umgangsformen des Gegenübers. Insofern wird nicht einmal mehr auf den Inhalt der inneren Sätze geachtet. Eigensinnig denkt man:»Rede, was du willst – ich tue doch, was ich will.«

Wenn Sie die Wirkung Ihrer negativen inneren Stimme durch den Außencheck erfaßt haben, sprechen Sie den Teil, der diese Stimme benutzt, innerlich an. Machen Sie sich erneut die gute Absicht dieses Teils bewußt, der in Ihnen durch Motivation Kräfte zum Erreichen Ihrer Ziele wecken will. Würdigen Sie zunächst diese gute Absicht:»Zuerst möchte ich dir sagen, wie gut es ist, einen Teil in meiner Persönlichkeit zu haben, der in mir die Verantwortung für eine zuverlässige Motivation übernimmt. Die *Art und Weise,* wie du innerlich mit mir sprichst, bewirkt aber genau das Gegenteil in mir. Ich reagiere gar nicht kraftvoll, sondern mutlos, trotzig, traurig und pessimistisch. Könntest du vielleicht so mit mir umgehen, daß sich in mir *wirklich* die Kraft entwickelt, auch schwierige Situationen durchzustehen?«

An dieser Stelle überlegen Sie selbst, wie ein anderer Mensch zu Ihnen sein müßte, damit in Ihnen Energie entsteht. Stimmen können ganz unterschiedliche Wirkungen haben. Vielleicht haben Sie es schon einmal erlebt, am Telefon länger und ausführlicher mit jemandem gesprochen zu haben, als Sie es eigentlich vorhatten – und das nur, weil es so angenehm war, mit diesem Menschen zu kommunizieren. Bestimmte Stimmen oder Bilder von positiv motivierenden Personen können ungeahnte Kräfte wecken. Suchen Sie sich gezielt einen inneren männlichen oder weiblichen Mentor, der durch eine bestimmte Art der Motivation ganz gezielt Ihre Ressourcen anspricht. Wir haben ohnehin die Fähigkeit, in uns Dinge zu hören oder wahrzunehmen, die außen gar nicht existieren. Denken Sie nur an eine Melodie aus dem Radio, die Ihnen den ganzen Tag nicht mehr aus dem Kopf geht. Warum sollte man diese ohnehin schon natürlich angelegte Fähigkeit nicht nutzen, um sich eine kräfteerzeugende innere Stimme als»Ohrwurm« zuzulegen? Der Seminarteilnehmerin mit der gnadenlosen Computerstimme fiel dann ein ehemaliger Vorgesetzter ein, der in seinem Team durch seine menschliche Art stets eine außergewöhnlich positive Motivationslage erzeugen konnte. Sie borgte sich seine Ausstrahlung und

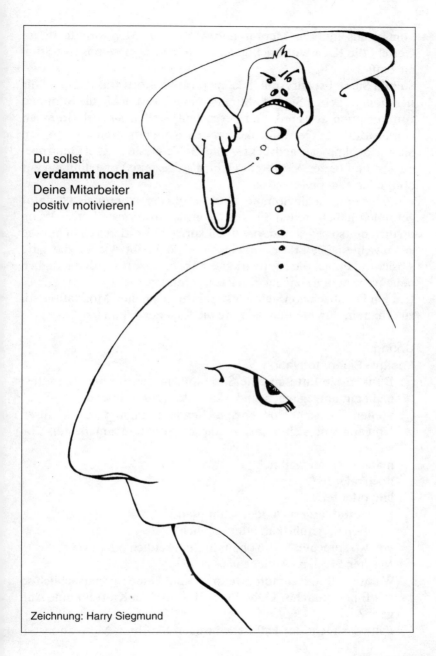

Stimme als inneren Mentor und Motivator. Man konnte ihrem Gesicht die Kreativität richtig ansehen, als ihr diese positive Stimme einfiel.

Sollten Sie selbst auf Anhieb keine positive Motivationsstimme für sich finden, gehen Sie auf »Stimmenfang«. Testen Sie die Stimmen von Personen aus Funk und Fernsehen, stellen Sie sich Stimmen von historischen Persönlichkeiten und Romanfiguren vor. Werden Sie – provokativ ausgedrückt – vom Gehirnbesitzer zum Gehirnnutzer, und bieten Sie Ihrem Gehirn so gezielte Vorstellungen zur optimalen Eigenmotivation an.

Wenn Sie eine ideale Stimme oder als Bild einen optimalen Mentor gefunden haben, teilen Sie das Ihrem Motivationsteil mit: »Wenn du dich mir so zeigst und so mit mir sprichst, werden sich in mir die gewünschten Zielkräfte entwickeln.« So bleibt wieder die gute Absicht, nämlich die Motivation erhalten, und es werden lediglich neue Wege zum Erreichen des Ziels gefunden.

Um ein Feedback von sich selbst auf Ihren eigenen Motivationsstil zu erhalten, durchlaufen Sie bitte die folgende Übung.

Übung:
Positive Eigenmotivation

1. Denken Sie bitte an eine Situation, in der Sie mit sich selbst nicht gut umgegangen sind, sich unter Druck gesetzt haben.
2. Stellen Sie sich eine entsprechende Stimme vor, die Ihren Umgang mit sich selbst in dieser Situation am besten illustriert:

   männlich oder weiblich?

   hoch oder tief?

   laut oder leise?

   jammernd, ärgerlich oder schimpfend?

   emotional, gefühlskalt oder sachlich?

   von wo sprechend, von oben, hinten, seitlich oder ins Ohr?
3. Machen Sie den »Außencheck«:

   Wie wäre Ihnen zumute, wenn jemand käme und tatsächlich so mit Ihnen spräche? Gäbe Ihnen das wirklich Kraft für eine Aufgabe?
4. Falls das nicht der Fall ist, würdigen Sie Ihren Motivationsteil

für die Mühe, die er sich macht. Melden Sie ihm aber in Gedanken auch, daß er mit seiner Art und Weise eher das Gegenteil von seiner guten Absicht erreicht. Die Kräfte schwinden und versiegen, anstatt beim Anhören dieser Stimme zu wachsen.

⑤ Gehen Sie auf »Stimmenfang«:
Wie müßte jemand zu Ihnen sprechen, um alle Kräfte in Ihnen spielend freizusetzen? Beachten Sie die unter Punkt 2 genannten Kriterien, und testen Sie so lange, bis die neue Stimme optimal wirkt.

Hinweis zur Übung:
- Die positive Stimme muß nicht unbedingt lieblich oder zart sein. Sie kann durchaus eine kraftvolle Autorität ausstrahlen. Wichtig ist das Ziel der guten Motivationsabsicht: Sie soll Ihre Ressourcen wecken.

Heureka –
Die Aktivierung »unbewußter Schleifen«

In den vorangegangenen Kapiteln haben wir durch bewußtes, logisches Nachdenken nachvollzogen, welche neuen Wege ein Teil der Persönlichkeit gehen kann, um eine bestimmte Absicht effektiv zu verwirklichen.

Es gibt noch eine bessere Möglichkeit, um neue Wege zu Persönlichkeitsteilen zu finden: die Nutzung von unseren brachliegenden Kraftquellen mit Hilfe der *unbewußten Schleifen*. Den Verlauf unbewußter Schleifen kennen Sie aus dem Alltag. Sie treffen jemanden auf der Straße und wissen, daß Sie ihn eigentlich kennen, aber der Name fällt Ihnen nicht mehr ein. Auch angestrengtes Nachdenken führt nicht zum Erfolg. Zwei Tage später sitzen Sie beim Frühstück, und plötzlich präsentiert Ihnen Ihr Gehirn das Ergebnis: »Müller!« Sie haben in diesem Moment etwas ganz anderes gemacht als bewußt dem Namen hinterhergegrübelt. Wir sind also in der Lage, Denkprozesse aktiv zu starten, sie dem unbewußten Verlauf zu übergeben und einige Zeit später ein in uns selbst produziertes Ergebnis zu erhalten.

Beim obigen Beispiel handelt es sich um eine einfache Namenssuche. Lösungsfindungen können demgegenüber oft komplizierte Prozesse sein – wie beispielsweise die Entwicklung einer Marketingidee oder einer Erfindung. Wenn wir einen Denkprozeß an das Unbewußte abgeben, haben wir einen Zugriff auf sämtliche im Unbewußten gespeicherten Möglichkeiten und Fähigkeiten, die in uns angelegt sind, aber bewußt nicht im vollen Umfang genutzt werden können. Denn im Alltag muß unser Bewußtsein mit voller Kapazität die Wahrnehmung und Organisation der aktuellen Tagesereignisse gestalten.

Eine recht berühmte Denkschleife des griechischen Mathematikers Archimedes endete mit dem Ausruf: »Heureka« – ich hab's gefunden. Auch Archimedes hatte wie bei unserem Beispiel schon länger nach der Antwort auf eine bestimmte Fragestellung gesucht. Er hielt nach einer Erklärung des Auftriebsprinzips Ausschau. Als er in der Badewanne saß, wurde er durch Zufall von seiner eigenen Entdeckung des hydrostatischen Grundgesetzes überrascht. Seitdem gilt »Heureka« als ein freudiger Ausruf bei der Lösung eines schwierigen Problems. Archimedes blieb nicht der letzte berühmte Nutznießer unbewußter Schleifen. Bekannt ist auch die Geschichte von dem Chemiker Kekulé, der den Benzolring »im Traum erfand«. Er hatte sich geraume Zeit zuvor schon mit der Suche nach dieser Struktur beschäftigt. Sein Gehirn nahm den Faden unbewußt auf und verfolgte ihn weiter, während der Erfinder ganz andere Dinge tat, als bewußt nachzudenken.

Coach Yourself beschäftigt sich weder mit chemischen Strukturen noch mit der Findung physikalischer Gesetze. Doch dem Gehirn ist es gleich, ob seine enormen Leistungsmöglichkeiten für naturwissenschaftliche Erkenntnisse oder für die Überwindung von Erfolgsblockaden und individuelles Zielmanagement eingesetzt werden. Ihnen wird die Aktivierung unbewußter Schleifen um so mehr nützen, als sie ebenso zeitsparend wie effektiv sind. Von Ihrer bewußten Zeit benötigen Sie nach einem gewissen Training nur noch eine Minute voller Konzentration, um die unbewußte Schleife durch zielgerichtete Gedanken in Gang zu setzen. Das »Handwerkszeug« sind dabei wieder die Metaphern.

»Ökologische« Erfolge
durch die eigene Kreativität

Auch in unseren bewußt kreativen Momenten haben wir einen optimalen Zugang zu brachliegenden Ressourcen. Spielerisch ergeben sich Ideen oder neue Verknüpfungen von bereits vorhandenen Möglichkeiten. Dabei hat jeder Mensch in anderen Bereichen Kreative Schwerpunkte: beim Malen oder bei der Kindererziehung, bei der Führung von Mitarbeitern oder bei den unterschiedlichsten Hobbys.

Im *NLP* und im *Coach-Yourself*-Training wenden wir auf die Kreativität auch den Begriff der Teile aus dem Persönlichkeitssystem an. Der Kreative Teil repräsentiert den gesamten Fundus unserer aktiven und brachliegenden Möglichkeiten und Fähigkeiten. Denken wir ihn uns personifiziert, dann ist er nicht jemand, der alles kann, sondern vielmehr derjenige, der alles über unsere Talente weiß.

Mit *Coach Yourself* erreichen Sie, daß der Kreative Teil nicht mehr nur in einzelnen Lebensbereichen wirkt, sondern auch allen anderen Teilen der Persönlichkeit als »Ideenlieferant« zur Verfügung steht. Aus diesem Grund entwickelt jeder unserer Seminarteilnehmer seine ganz persönliche Vorstellung von dem Kreativen Teil, der allen anderen als Ratgeber zur Verfügung steht. Wichtig ist dabei das innere Bild von dem Ort, an dem der Kreative Teil Rat, Hilfe und Ideen vermittelt. Da eine Metapher dazu dient, die Struktur von neuronalen Verknüpfungen zu erklären und positiv verändern zu können, empfiehlt es sich, die Metapher vom Kreativen Teil stellvertretend für die Lösungsprozesse besonders phantasievoll zu gestalten.

Es gibt Klienten, die stellen sich den Kreativen Teil wie einen lebenserfahrenen und weisen Guru vor, der die ratsuchenden Teile in einem Tempel empfängt. Andere bevorzugen innere Bilder von Feen, Zauberern und anderen Fabelwesen. Oft wird auch einem Tier diese zentrale Rolle zugesprochen – wie etwa einem Elefanten oder einem Leoparden. Schon von jeher sprachen die Menschen bestimmten Tieren Klugheit und Lebensweisheit zu, wie etwa im griechischen Altertum den Eulen. Wir haben in unserer Praxis auch schon erlebt, daß der Kreative Teil ein Gegenstand sein kann. So sah eine Frau ihren Kreativen Teil als eine schillernde Kristallkugel in einer geheimnisvollen Moorlandschaft. Wenn sie Rat sucht, spiegelt die Kugel in ihrem geheimnisvollen Inneren die Lösungswege vor. Wieder ein anderer Seminarteilnehmer hatte die Sonne als Kreativen Teil. Seine Teile treffen sich in einem Beduinenzelt direkt unter der Sonne und werden durch die intensiven Strahlen zu neuen Wegen inspiriert.

Der Gedankengang verfolgt einen ganz bestimmten Prozeß. Nehmen wir an, ein Manager hätte seinen Blockadeteil von der guten Absicht her als einen inneren Beschützer identifiziert, der zur Zeit mit der Methode »Konzentrationsschwäche« arbeitet. In der inneren Metapher sucht jetzt der Beschützer den Kreativen Teil auf mit der folgenden Ansprache: »Darf ich mich vorstellen – ich bin der Beschützer. Ich erfülle meine gute Absicht zur Zeit mit einer zuverlässig wirkenden Konzentrationsschwäche. Aber ich weiß, daß der Gesamtperson diese Methode gar nicht gefällt. Mein Dilemma ist: Ich weiß nicht, wie ich es anders machen kann, ohne die Realisierung meiner guten Absicht aufs Spiel zu setzen. Du bist doch der Kreative Teil. Berate mich bitte einmal, wie ich die Person genauso gut beschützen kann wie bisher – nur mit Methoden, über die sie sich vom Bewußtsein her auch freuen kann. Ich bin zwar ein guter Beschützer, aber kein bißchen kreativ. Vielleicht gibt es ja Beschützungsmöglichkeiten, von deren Existenz ich nicht weiß. Oder du zeigst mir neue Wege, auf die ich nicht von selbst kommen würde.«

Sie können sich die vielfältigen effektiven Möglichkeiten denken, die es geben kann, um einen Menschen zu beschützen. Zur Zeit benutzt dieser Beschützer die Methode »Schalter herausziehen«, nach dem Motto: »Wer nicht denkt, nimmt sich auch nicht zuviel vor.« Die negativen Konsequenzen dieser Methode liegen auf der Hand. Ein neuer Weg könnte ein Ausgleich sein, der für Erholung und Abwechslung sorgt – oder Trance und Entspannung während der Autofahrt zum Arbeitsplatz, anstatt sich schon eine Stunde vor der Arbeit aufzuregen.

Bei der Arbeit mit der Metapher vom lösungsweisenden Kreativen Teil werden die neuen Wege nicht vom Verstand gesucht, sondern ergeben sich überraschend durch den Verlauf der unbewußten

Schleifen. Sie stellen sich nur vor, wie der betreffende ratsuchende Teil mit dem Kreativen Teil zusammentrifft und in eine intensive Beratung geht. Bitten Sie den Blockadenteil darum, sich gleich *drei neue Wege* statt des einen alten auszusuchen. Sie sollen *genauso wirksam* wie die alte Methode sein, aber *ohne unangenehme Nebenwirkungen* für die Gesamtperson. Lassen Sie es auf sich zukommen, ob Sie in Gedanken darauf achten, welche Lösungswege sich inhaltlich ergeben. Es kann auch gut sein, daß Sie wie ein Beobachter von außen das Einsetzen der Beratungen und Gespräche innerlich nur mitverfolgen.

Vielleicht machen die beiden Teile schnell den Eindruck, als hätten sie eine Lösung gefunden, die jetzt ausprobiert werden soll. Oder Sie haben das Gefühl, es stünde eine längere Konferenz bevor. Verabreden Sie dann mit dem ratsuchenden und dem Kreativen Teil, wie lange die Ergebnisentwicklung dauern wird. Seien Sie nicht überrascht, wenn sich eine längere Zeitvorstellung von etwa zwei bis drei Monaten entwickelt. Für einen persönlichen Veränderungsprozeß ist das ein relativ kurzer Zeitraum, wenn die Entwicklung des neuen Engramms dann stabil ist. Es kann natürlich auch sein, daß Sie annehmen, die Umsetzung des Ergebnisses dauere nur wenige Tage. Diese Zeitspannen sind je nach Thema und individuellem Tempo unterschiedlich. Nach der inneren Prozeßanweisung und der getroffenen Zeitvorstellung gehen Sie mit dem Bewußtsein wieder zum Alltag über. Wie bei Archimedes und Kekulé nimmt das Unbewußte den Faden auf und entwickelt die Lösung.

Sie können sich auch zwischendurch wieder in die Konferenz »einschalten«. Machen Sie das aber bitte nicht stündlich, sondern bei einer längeren inneren Verhandlung nur alle paar Tage. Wenn Sie wahrnehmen, daß die Konferenz noch länger dauert, geben Sie den Prozeß wieder an das Unbewußte zurück und warten Sie ab. Sie können das Verhalten der inneren Teile mit den gleichen Maßstäben wie das der Menschen messen. Stellen Sie sich vor, Sie selbst säßen äußerst konzentriert an der Entwicklung eines wichtigen neuen Projektes. Wie würden Sie es finden, wenn alle halbe Stunde jemand klopft und fragt: »Na, wie weit seid ihr?« Das wäre wohl eher eine Störung als eine Förderung des Lösungsprozesses.

Anders ergeht es Ihren konferenzhaltenden Persönlichkeitsteilchen auch nicht.

Vielleicht erleben Sie die neuenWege bewußt wie etwa unser Schlittschuhläufer. Oft geschieht es auch, daß Sie von dem Ergebnis überrascht werden und erst später den Veränderungseffekt der Konferenz registrieren. Ein Klient von uns hatte in einer Coaching-Sitzung eine unbewußte kreative Schleife gestartet.VierzehnTage später erzählte ihm sein siebzehnjähriger Sohn beiläufig, er habe sich Karten für ein Pink-Floyd-Konzert besorgt. Ganz plötzlich hörte unser Klient sich fragen:»Die möchte ich auch gerne mal wieder sehen, besorgst du mir eine Karte mit?« Jahrelang war er nicht mehr auf die Idee gekommen, in ein Rockkonzert zu gehen. Er mischte sich unter die Menge und genoß das neu-alte Erlebnis. Tagelang danach fühlte er sich noch erfrischt und wie inspiriert.

An diesem Beispiel zeigt sich auch, wie individuell und ökologisch neue Lösungswege sein müssen, um die Blockade auch wirklich aufzulösen. Dieser»Rockkonzertmanager« hatte sich schon lange Zeit chronisch müde und abgeschlagen gefühlt. Er versuchte sein Glück mit regelmäßigem frühem Zubettgehen, wovon keinerlei Verbesserung eintrat. Das war auch keinWunder, da wir herausfanden, daß die Blockade von einem Lebensfreudeteil inszeniert wurde, dem der Alltag über die Jahre zu eintönig und geplant geworden war. Obwohl er nach dem Konzert wieder arbeiten und früh aufstehen mußte, fühlte er sich viel erholter als an den Morgen zuvor. Durch die Nutzung der kreativen Kraft des Unbewußten hat sein gesamter Organismus zu einer wirklich ökologischen Lösung für die Gesamtpersönlichkeit gefunden. Der Verstand produziert hier nicht das Ergebnis. Der Verstand nimmt nur das im Unbewußten entwickelte Ergebnis auf und setzt es dann in dieTat um.

Wir empfehlen Ihnen, die innere Konferenz mit dem KreativenTeil und dem ratsuchenden Blockadenteil – dem Sie zu diesem Zeitpunkt schon einen respektvolleren Namen gegeben haben – möglichst vor dem Einschlafen zu beginnen. Traumforscher sind sich darüber einig:Was zuletzt als Input ins Gehirn gelangt ist, wird auch mit Vorzug»behandelt«. Sie können zum Starten der kreativen Schleifen auchTagträume und kurzeTrancen benutzen.

Es ist für Sie wichtig, sich daran zu gewöhnen, daß die Lösungswege des Gehirns einen eigenen zeitlichen Rhythmus haben. Vergleichen Sie das Starten der kreativen unbewußten Schleifen mit dem Vorgang des Säens. Wir können für die optimale Pflege der Saat und der Erde sorgen. Dies wäre im übertragenen Sinne die geeignete Metapher für den neuronalen Prozeß. Wenn jedoch die Pflanze wächst, zupfen Sie auch nicht am jungen Blatt oder pulen an der Knospe, um das Wachstum zu beschleunigen. Denn hier wirken Prozesse mit eigenen Gesetzen. Genauso verhält es sich auch mit der Entwicklung Ihrer Ideensaat.

Viele unserer Klienten und Seminarteilnehmer berichten, es stelle sich schon nach kurzer Zeit im Umgang mit der Metapher vom Kreativen Teil ein deutlicher Trainingseffekt ein. Kreative Lösungswege für verschiedenste innere Aufgabenstellungen ergeben sich immer schneller und zuverlässiger. Das läßt sich gehirnorganisch auch erklären. Das Lösungsfindungsengramm der kreativen Metapher wird nach mehrfacher Benutzung immer stabiler. Zur Aktivierung der Kreativitätspotentiale muß das Gehirn auch in ein bestimmtes Stoffwechselprogramm gebracht werden. Dieses Stoffwechselprogramm wird durch die Metapher vom Kreativen Teil »gestartet«. Im folgenden gewöhnt sich also das Gehirn daran, schwierige Probleme aller Art, die in der Metapher als ratsuchende Persönlichkeitsteile auftreten, in der kreativen Aktivierung zu bearbeiten.

Daher vergleichen wir die individuell gestaltete Metapher vom Kreativen Teil in Anlehnung an die Computersprache als »Hardware«. Die Metapher bleibt über eine lange Zeit möglichst stabil. Sie wird nur geändert, wenn Sie entsprechende Einfälle zur Optimierung entwickeln sollten. Die lösungsbedürftigen Inhalte sind dann je nach Blockade verschieden und bilden somit die »Software«. Die folgende Übung gibt Ihnen eine Zusammenfassung von diesem Kapitel.

Diese Form der »Gehirnbenutzung« ist ein wertvolles Instrument bei der Entwicklung von tragfähigen professionellen Ideen. Bei der Suche nach Marketingideen, Markennamen und innovativen Unternehmensstrategien entwickeln Sie mit dieser Methode völlig neue, überzeugende und ökologische Trends. Ein Seminarteilnehmer hatte sich vor Seminarantritt schon tagelang mit der Formulierung eines wichtigen Textes herumgeschlagen. Bei diesen Trainingsabschnitt setzte er internal zur Probe seinen blockierten Texterteil mit dem in der Phantasie entwickelten Kreativen Teil zusammen. Als wir fünf Stunden später alle zusammen in der Bar saßen, sagte er plötzlich freudestrahlend:»Es funktioniert tatsächlich!« Er holte sein Notizheft aus der Jacke und notierte sich rasch einige Ideen, die ihm plötzlich»eingegeben« worden waren.

Übung:
Die kreative Kraft des Unbewußten nutzen.
Folgende Schritte werden zur Lösungsfindung durchlaufen:

Hardware
① Sie konkretisieren für sich eine phantasievolle Vorstellung von dem Kreativen Teil.
② Entsprechend stellen Sie sich einen Ort, eine Umgebung vor, in der dieser Teil von einem oder auch mehreren anderen Teilen aufgesucht und um Rat gefragt werden kann.

Software
① Bestimmen Sie einen Persönlichkeitsteil, der maßgeblich für eine »Erfolgsblockade« verantwortlich ist. Machen Sie sich noch einmal seine gute Absicht bewußt.
② In der Vorstellung sucht der benannte Persönlichkeitsteil den Kreativen Teil auf mit folgender Bitte:
»Ich bin der Teil X (Namen nennen). Ich bin bei der Person für folgenden Bereich zuständig (gute Absicht benennen).
Bis heute habe ich meine Aufgabe immer so verwirklicht (Methode der Blockade nennen), aber man ist mit den Nebenwirkungen meiner Methode nicht einverstanden. Zeige mir bitte, wie ich genauso zuverlässig und ohne Nebenwirkungen meine gute Absicht verwirklichen kann, wenn ich die jetzige Methode aufgeben soll.
Nenne mir bitte drei effektive neue Wege, mit denen die Person versöhnt sein kann.«
③ Die unbewußte Schleife wird gestartet: Sie übergeben die Vorstellung der Konferenz mit dem Kreativen Teil dem Unbewuß-

ten. Legen Sie für sich eine Zeit fest, in der Sie sich wieder »einschalten« wollen, vielleicht am folgenden Tag oder eine Woche später.

Wenden Sie sich wieder dem Tagesablauf zu.

④ Wenn die ersten Ergebnisse in Form von neuen Verhaltensweisen und innovativen Gedanken auftreten, bedanken Sie sich innerlich dafür.

Hinweis zur Übung:

- Wie auch in dem Buch »Der Minuten Manager« von J. Spencer dargestellt, können Sie diesen Lösungsprozeß so weit verinnerlichen, daß Sie beim zukünftigen Starten der unbewußten Schleifen wirklich nur noch das Zeitlimit von einer Minute benötigen.

- Wenn Ihnen nicht gleich ein Bild für Ihren Kreativen Teil einfällt, lassen Sie sich mit dem Überlegen ruhig ein paar Tage Zeit.

- Vielleicht entwickeln Sie eine andere Vorstellung als die einer Konferenz. So können die Teile auch zusammen Kaffee trinken oder spazierengehen. Eine Seminarteilnehmerin von uns hat als Kreativen Teil eine Ballerina, die mit den anderen Teilen tanzt. Ein Controller schickt seine ratsuchenden Teile stets auf dem Rücken eines Elefanten reitend in den Dschungel.

- Um die Wichtigkeit der Arbeit mit Metaphern angemessen beurteilen zu können, überlesen Sie vielleicht noch einmal das Kapitel »Metaphern – die Schaltpläne zerebraler Lösungswege«.

Step 3:

Coach Yourself

3

Bisher haben Sie wichtige Einzelheiten über gehirngerechtes Zielmanagement gelernt. Sie haben sich damit vertraut gemacht, wie Sie die Blockadendynamik eines Persönlichkeitsteils in einen Lokomotiveffekt umwandeln können. Das sind schon wesentliche Voraussetzungen zur Entwicklung einer aktiven Persönlichkeit.

In der Einführung haben wir die aktive Persönlichkeit als einen Menschen charakterisiert, dessen Charisma entsteht, weil alle Teile der Persönlichkeit zusammen kurzschlußfrei leuchten können. Entsprechend ist der Kern des *Coach-Yourself*-Trainings, die »innere Mannschaft« geschlossen hinter sich und seine Ziele zu bringen. Hier setzt das systemisch-konstruktive Denken an. Sie benötigen ein inneres Konzept, um alle Teile Ihrer Persönlichkeit kongruent aufeinander einzustimmen. Positives Denken und Affirmationen helfen hier oft nicht mehr weiter.

Wenn Sie sich beispielsweise wünschen, erfolgreich zu sein – was immer Erfolgreichsein für Sie bedeutet –, nützt die formelhafte Beschwörung »Ich bin erfolgreich, ich bin erfolgreich, ich bin erfolgreich . . .« in der Regel nicht. Sie macht nur so lange kurzfristig optimistisch, bis Sie das nächste Mal an Ihre Erfolgsblockaden stoßen. Der Teil Ihrer Persönlichkeit, der den Erfolg sehr wünscht, braucht keine zwanzigfache Bestätigung dieses Anliegens. Wichtiger ist die Beachtung der Persönlichkeitsteile, die Einwände gegen das Erfolgsstreben haben. Der Freiheitsteil befürchtet vielleicht äußere Zwänge. Der Gesundheitsteil mißtraut dem Streß, der mit dem Erfolg verbunden ist. Vielleicht hat der Kontaktteil Angst um den Erhalt der Freundschaften. Oder der Lebenssinnteil kommt mit dem Einwand: »Erfolg ist nicht alles.« Diese Teile werden Ihre wichtigsten Verhandlungspartner im Hinblick auf das Erfolgsziel. Nur ökologisches Verhandlungsgeschick mit den eigenen Teilen garantiert die Umwandlung der Einwände zu Teampartnern. Sie müssen also lernen, Ihre Persönlichkeitteile im Miteinander so zu führen, wie Sie auch die Ressourcen Ihrer Mitarbeiter fördern und entwickeln müssen. Diese Integration und Aktivierung Ihrer inneren Energien macht den eigentlich Effekt von *Coach Yourself* aus.

Unternehmenskultur im Persönlichkeitssystem – Die Persönlichkeitskultur

Bei vielen Persönlichkeitsthemen handelt es sich um komplexe Vernetzungen, die nicht nur auf einer, sondern auf mehreren Ebenen gelöst werden müssen. Wir wählen als Metapher die Struktur eines Unternehmens für den Mikrokosmos Persönlichkeit. Stellen Sie sich das Miteinander Ihrer Persönlichkeitteile wie die Zusammenarbeit von Mitarbeitern eines Unternehmens vor. Legen Sie den gleichen Qualitätsmaßstab an, den Sie aufgrund eigener Erfahrungen und theoretischer Erkenntnisse aus der Beschäftigung mit den Themen »Unternehmenskultur« und »Systemisches Denken« haben.

Wenn Sie Ihre Persönlichkeit mit der Struktur eines Unternehmens vergleichen, können Sie sich selbstkritisch nach der Situation Ihrer Persönlichkeitskultur befragen. Sind alle Ihre Persönlichkeitteile voll im Einsatz? Arbeitet jeder Teil an der Stelle, wo er seinen Fähigkeiten entsprechend optimale Ergebnisse erzielen kann? Arbeiten die Teile alle gut zusammen, oder gibt es Konkurrenz und Kompetenzgerangel? Müssen Sie befürchten, daß einige Teile am Ende gar die »innere Kündigung« vollzogen haben? Kennen sich überhaupt alle Teile untereinander, oder fühlen Sie sich eher als das Opfer zusammenhangsloser Einzelteile? Sind alle mit *Freude* bei der Arbeit, sind alle *gesund*? Fühlen sich alle ausreichend respektiert und gewürdigt?

Machen Sie den Test, und gehen Sie nach innen, um die Atmosphäre Ihrer Persönlichkeitskultur zu überprüfen. Lassen Sie Ihrer Intuition und ihrer Phantasie freien Lauf, wenn Sie in Gedanken wie bei einer Betriebsbesichtigung Ihr »Persönlichkeitsunternehmen« unter die Lupe nehmen. Nehmen Sie sich vielleicht noch einmal die Liste der Persönlichkeitsteile zu Hilfe.

Eine Unternehmerin kam aus dieser Überprüfung mit folgendem Ergebnis heraus: »Wissen Sie, wenn das so in meiner Firma aussähe, würde ich aktiv werden. Das nähme ich so nicht hin.« Sie berichtete, spontan die Vorstellung von einer mit lieblosen Sperrmüllmöbeln eingerichteten verstaubten Behörde gehabt zu haben mit entsprechend demotivierten »Mitarbeitern« – ihren Teilen. »Und da wundere ich mich, daß in mir nichts Effektives geschieht.« Ein anderer Teilnehmer sah ein dringend überholungsbedürftiges Schiff vor sich. Der Nebenmann stellte fest, es gäbe in seinem Unternehmen gar kein Kommunikationsnetz für eine Verständigung der Teile untereinander.

Es muß nicht unbedingt sein, daß Sie ebensolche aufschlußreichen Hinweise über Ihre Persönlichkeitskultur erhalten. Diese Beispiele sollen Ihnen nur vermitteln, wie unstrukturiert und wirkungslos Ornigramme von »Persönlichkeitsunternehmen« im Vergleich zu tatsächlichen Unternehmen sein können. Die entsprechende Persönlichkeit hat unter solchen Voraussetzungen Schwierigkeiten, eine überzeugende Ausstrahlung zu entwickeln.

Ausstrahlung kommt von innen

In der Sozialpsychologie hat man sich eingehend mit den Themen Motivation und Meinungsbildung beschäftigt. Interessant für das *Coach-Yourself*-Training sind Untersuchungen zu der Frage, inwieweit nonverbale Verhaltensweisen eines Menschen den Gesamteindruck auf die Kommunikationspartner prägen. Die Forscher Mehrabian und Ferris kamen zu einem sehr aufschlußreichen Ergebnis: Die Bereitschaft, einem anderen Menschen zu trauen, wird zu *nur sieben Prozent* durch den Inhalt der gesprochenen Worte bestimmt. Für den Rest des Gesamteindrucks sind Mimik (55 Prozent) und Tonfall (38 Prozent) des Gegenübers ausschlaggebend. Wenn Sie mit sich selbst »uneins« sind, drückt sich das auch in Ihrer

Körperhaltung und in Ihrem Tonfall aus. Sind Sie der Meinung, Sie müßten sich selbst beherrschen, hört sich Ihre Stimme auch unterdrückt an, und die Mimik wirkt eher unbewegt. Da nützt es nichts, wenn Ihr Mund einen freundlich formulierten Satz spricht, denn der macht nur sieben Prozent an positiver Wirkung aus. Auch eine einstudierte Geste, die beispielsweise Offenheit zeigen soll, ist vergebens, wenn dabei Ihre Kaumuskeln spielen. Ihr Körper drückt es überall aus, wie versöhnt Sie mit sich selbst sind. Sie können bewußt nicht Ihre Pupillengröße, die Muskelspannung oder die Durchblutung Ihrer Gefäße einstellen. Ob Sie auf andere Menschen überzeugend und positiv wirken, hängt ganz von Ihrer Persönlichkeitskultur ab.

Menschen, die mit sich selbst eins werden, verändern in diesem Prozeß auch ihr Aussehen. Damit sind nicht Äußerlichkeiten wie die Frisur oder der Anzug gemeint, sondern die unbewußte, vegetative Aktivierung der Körperfunktionen. Beispielsweise kann ein und dieselbe Stimme bei verschiedenen Atemformen im Klang erheblich variieren. Auf diese Merkmale reagiert wiederum das Unbewußte der Kommunikationspartner.

Sie können davon ausgehen, im Laufe Ihres Lebens so viele Texte und Worte in sich aufgenommen zu haben, daß Sie sich um gute Formulierungen im Gespräch keine Sorgen machen müssen. Wenn Ihre Persönlichkeitskultur stark ist, kommen plötzlich auch die richtigen Worte in der richtigen Situation wie von selbst über die Lippen. »Ich mache mir gar keine Gedanken mehr darüber, ob ich im Gespräch die richtigen Worte finde«, sagte ein Klient von uns. »Ich kann voll und ganz auf die passenden Einfälle vertrauen.« Sie wirken dann viel weniger kontrolliert und »aufgesetzt«. Ihre größte Stärke ist Ihre natürliche Authentizität. Solange Sie sich vorstellen, Sie hätten ein »wahres« und ein »falsches« Ich, büßt die Glaubwürdigkeit Ihres Auftretens. Sie steigern Ihre Ausstrahlung dagegen durch die Gewißheit, eine starke Mannschaft von vielen »wahren Ichs« in sich zu haben. Das festigt wiederum den äußeren Eindruck, mit sich selbst eins zu sein.

Sehen Sie sich hier einmal die von uns vereinfachte Abbildung der »Logischen Kreise« im Gesamtsystem eines Menschen an, so wie Robert Dilts, ein bekannter NLP-Anwender, sie beschreibt. Sie

132

sehen im Zentrum die Persönlichkeit, die Identität des Menschen stehen. Diese Ebene, der Kern, entscheidet darüber, welche Fähigkeiten ein Mensch entwickelt – oder nicht. Die Fähigkeiten bestimmen wiederum das Verhalten und das Verhalten die Wirkung auf die Umwelt. Meist ist die Entwicklung von Fähigkeiten und Verhaltensweisen dauerhaft dadurch behindert, daß die zerstrittenen oder schlecht organisierten Persönlichkeitsteile einen Verhaltensreichtum gar nicht zulassen. Man kann an den Verhaltensweisen »herumtherapieren«, soviel man will – der Kern der Persönlichkeit bleibt davon unberührt. Sie erreichen den größten Verhaltensreichtum durch die Arbeit am Zentrum Ihrer Entwicklungsmöglichkeiten, also durch Arbeit an Ihrer Persönlichkeitskultur.

Coach Yourself sorgt, metaphorisch gesprochen, dafür, daß im ganzen Persönlichkeitshaus ein kurzschlußfreies Stromnetz existiert. Die Wahl der Lampenschirme überlassen wir Ihnen.

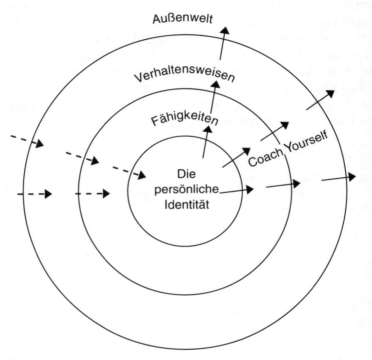

**Die »Logischen Kreise«
eines Persönlichkeitssystems**
(frei nach Robert Dilts)

Den meisten Menschen ist nur die »Außen-nach-innen-Wirkung« dieser Kreise bewußt. Coach Yourself setzt im Zentrum der Kreise an. So entwickelt sich vom Kern heraus die aktive Persönlichkeit mit ihrer gestaltenden Wirkung auf die Außenwelt.

- - - ▶ Außen-nach-innen-Wirkung
———▶ Innen-nach-außen-Wirkung

Die aktiven Fünf –
Das Qualitätspentagramm
der menschlichen Persönlichkeit

Wir wollen Ihnen nun die wichtigsten fünf Qualitätsmerkmale für das optimale Zusammenspiel der Teile Ihres Persönlichkeitssystems beschreiben. Diese Qualitätsmerkmale gelten nicht nur für den »Blick nach innen«, sondern sind auch ein geeigneter Maßstab für den tatsächlichen Einsatz der »Ressource Mensch« im Unternehmen.

Wir haben diese Merkmale – die aktiven Fünf – der Einprägsamkeit halber in Form des Pentagramms eines aufrecht stehenden fünfzakkigen Sterns in der folgenden Abbildung dargestellt. In vielen Kulturen galt das Pentagramm als ein Geheimzeichen, das aufrecht stehend Gesundheit und Abwehr von Krankheit bedeutete. Seine Form symbolisiert den menschlichen Körper. Wirken die fünf Qualitätsmerkmale, ist die Stärke einer aktiven Persönlichkeit garantiert.

Dem menschlichen Bewußtsein ist eine Metaposition über dem Pentagramm zugeordnet. Diese Position dient dazu, das Funktionieren der aktiven Fünf überprüfen zu können. Im Unternehmen ist diese Metaposition der überblickende Standpunkt, die Helicopter-View der Führungskraft gegenüber dem Mitarbeitersystem.

Bevor wir jedes Qualitätsmerkmal einzeln besprechen, geben wir Ihnen eine grobe Zuordnung der einzelnen Bereiche an die Hand. Dem Kopfbereich ist die *Corporate Identity* zugeordnet, also die Idee über Außenwirkung und Ziele der Persönlichkeit. *Ökonomie* und *Teamgeist* sind dem Armbereich zugeordnet – denn: »Eine Hand wäscht die andere.« *Ressourcen* und *Flexibilität* stehen in Zusammenhang mit den Beinen, also dem Vorwärtskommen der Persönlichkeit und ihrer Veränderung im Laufe der Zeit.

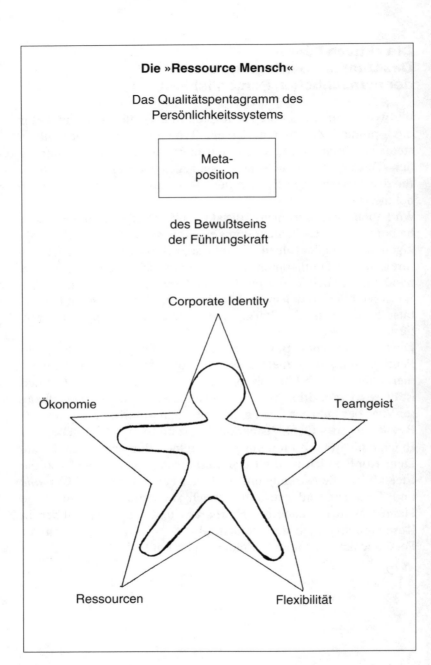

1. Corporate Identity
oder »Ein konsequentes Erscheinungsbild
aller Teile nach außen«

Im Duden finden wir zu den Begriff Corporate Identity folgende Erklärung:»Erscheinungsbild einer Firma nach außen.« Gemeint sind damit zunächst das Warenzeichen, die Form- und Farbgebung der Produkte und Verpackungen. Sicher kennen Sie hierzu folgendes Paradoxon: Gelangweilt und schlecht gelaunt bedient Sie der Mitarbeiter einer Restaurantkette. Neben dem Firmenkittel und den Firmenfarben trägt er ein Schild mit der Aufschrift:»Ich bin die freundliche Bedienung von McSchulz.« Die Corporate Identity eines Unternehmens wird also von den Menschen, die darin arbeiten, maßgeblich mitgetragen. Sie hat demnach eine psychologische Dimension. Jeder Mitarbeiter vertritt sein Unternehmen nach außen. Die Menschen müssen das halten, was Warenzeichen und Produkt versprechen. Ein unangenehmes zwischenmenschliches Erlebnis verdirbt das beste Produkt, wie die folgende Geschichte zeigt. Ein wirklich sehr nettes Hamburger Ehepaar besuchte vor über dreißig Jahren einen in dieser Stadt noch immer angesehenen Herrenausstatter. Während des Anprobierens verschiedener Anzüge fragte die Ehefrau den Verkäufer:»Sitzt der nicht irgendwie ein bißchen schief?« Darauf die überhebliche Antwort des Verkäufers:»Nein, Ihr Mann ist schief!« Diese unerfreuliche Episode führte dazu, daß das Ehepaar diesen Herrenausstatter abgrundtief verabscheute und die Geschichte noch heute Freunden und Bekannten zur Abschreckung erzählt. Der Verkäufer befindet sich sicherlich schon längst im Ruhestand, und die Warenqualität ist wahrscheinlich tadellos – doch das macht dieses Erlebnis nicht mehr ungeschehen.

Zur Corporate Identity zählt neben dem Willen des einzelnen, den Firmenkittel zu tragen, auch die grundsätzliche Bereitschaft, sich mit den Zielen des Unternehmens in seiner Arbeit zu identifizieren. Zudem muß die Tätigkeit in Zusammenhang mit den Zielen erlebt werden.

Wenn Ihre Mitarbeiter nicht an diesem hohen Ziel interessiert sind, können Sie sich letztlich auch von ihnen trennen. Wenn jedoch Ihre eigenen Teile nicht bereit sind, die Corporate Identity Ihrer Persönlichkeit nach außen zu repräsentieren, bekommen Sie schwerwiegende Probleme.

Denken Sie noch einmal an das Beispiel des Seminarteilnehmers, dessen Teile über kein Kommunikationssystem verfügten. Ein solches Manko verursacht oft die Ziellosigkeit Ihrer Teile und eine fehlende persönliche Corporate Identity. Die Unwissenheit über die persönlichen Ziele und das gewünschte Erscheinungsbild nach außen schlägt sich in Ihrer Persönlichkeitskultur nieder.

Haben Sie sich je lange genug Gedanken darüber gemacht, wie Sie selbst nach außen wirken möchten? Wissen Sie genau, was Ihre ganz persönliche Identität, Ihre Eigenart und Ihren »Zauber« ausmacht? Kennen Sie die unverwechselbaren Merkmale Ihrer Person?

Es geht hier nicht darum, sich irgendwelche auffälligen Äußerlichkeiten – wie etwa das ständige Tragen eins roten Schals – zuzulegen. Vielmehr geht es um Ihr Selbstverständnis. Bitten Sie gute Freunde und Ihnen nahestehende Personen um ein Feedback bezüglich Ihrer Identität. Welche Merkmale an Ihrer Person machen ganz speziell Sie aus? Können Sie diese Frage vielleicht selbst beantworten, oder wissen Sie gar nicht, »was die anderen immer an Ihnen finden«? Bei dieser Introspektion können sich sehr aufschlußreiche Erkenntnisse ergeben. Ein Manager fand durch das Feedback heraus, daß eine ganz bestimmte Art zu lachen andere Menschen bezaubert. Für ihn war das Ergebnis insofern eine große Überraschung, als er sich gerade stets um große Ernsthaftigkeit im Auftreten bemühte und dabei sein Lachen und seinen Humor unterdrückte. Seinem Lachen hatte er bewußt noch nie eine besondere Bedeutung in Zusammenhang mit beruflichen Erfolgen beigemessen.

Vielleicht werden Sie selbst auf ganz andere Merkmale Ihrer unverwechselbaren Identität aufmerksam. Wichtig ist, dafür zu sorgen, sich einen *Identitätsanker* zuzulegen, der Sie stets an Ihre Einzigartigkeit erinnert. Das kann ein persönliches Schmuckstück sein, ein bestimmter Duft oder ein bevorzugtes Kleidungsstück. Im Berufsleben kann auf eine gewisse äußerliche Übereinstimmung zusammenarbeitender Menschen nicht verzichtet werden. Dieser »visuelle Konsens« ist in erster Linie ein nonverbaler Ausdruck der Würdigung des Gegenübers. Betrachten Sie jedoch diese äußere Gleichheit nur als eine Fassung, in der Sie selbst ein unverwechselbares »Schmuckstück« bleiben. Erst wenn Ihnen Ihre persönliche und individuelle Wirkung bewußt ist, können alle Persönlichkeitsteile Ihre Ziele aktiv mitgestalten.

Verdeutlichen Sie sich anhand des folgenden Beispiels, wie sich eine mangelnde Corporate Identity auswirken kann. Was geschehen kann, wenn ein Persönlichkeitsteil nicht darin geschult ist, an die möglichen Konsequenzen seiner Methode für die Gesamtpersönlichkeit zu denken. Der Beschützerteil eines unserer Klienten arbeitete in Schaffenskrisen unter dem Leitspruch: »Nimm dir nichts vor, dann kann auch nichts schiefgehen!« Für seine gute Absicht mag diese Überlegung sinnvoll gewesen sein, aber sie störte äußerst wichtige Ziele der anderen Teile, beispielsweise des Anerkennungs- und Lebensfreudeteils. Es fehlte also die Sensibilisierung dieses Persönlichkeitsteils hinsichtlich des »Outcome« der Gesamtpersönlichkeit. Wir baten diesen Manager, nach innen zu gehen und den betreffenden Teil zu fragen, ob er die schlimmen Nebenwirkungen überhaupt registriere. Zu unserer aller Überraschung antwortete der Beschützer, er sei noch gar nicht davon informiert worden, daß dieser Mann jetzt eine so wichtige Position bekleide. Das hatte ihm *noch niemand gesagt!* Der Beschützer hatte vor zwanzig Jahren einmal mit seiner Methode in einer bestimmten Situation Erfolg gehabt und wandte Sie seitdem wie ein zuverlässiger Mitarbeiter bei Bedarf immer wieder an. Man hat ihn nie darüber informiert, daß sein zuverlässiges Wirken nicht mehr »up to date« ist.

Mit der Metapher vom Kreativen Teil arbeiten Sie sich bitte eine Vorstellung aus, wie dieser ratgebende und lenkende Persönlichkeitsteil alle anderen Teile auf Ihre Corporate Identity und den aktuellen Stand einstimmt – so wie Sie es im Unternehmen auch durchführen würden. Möglicherweise versammeln sich in der Phantasie alle Teile, oder die Persönlichkeitsteile werden per Rundschreiben auf Ihre individuelle Gesamtpersönlichkeit und Ihren Identitätsanker »kalibriert«. Vielleicht finden Sie eine ganz persönliche Metapher. Diese Metapher benutzen Sie dann auch, um allen Teilen der Persönlichkeit Ihre Nah- und Fernziele zu präsentieren.

Der Identitätsanker ist dann die symbolische Aufforderung an alle Teile, sich mit Ihren Zielen zu identifizieren. Auch in einem großen Unternehmen müssen die Mitarbeiter ständig über Ziele des Unternehmens informiert sein. Erst dieser Informationsfluß stellt sicher, daß alle Mitarbeiter das Unternehmen allein schon durch ihr persönliches Auftreten repräsentieren können.

Übung:
Meine unverwechselbare Identität

① Bitte denken Sie an eine Situation in Ihrem Leben, in der Sie sich mit *sich* selbst eins gefühlt haben. Eine Situation, zu der der Satz paßt:»Ich bin ich, und das ist gut so.« In der Sie also mit Ihrer Einzigartigkeit, Ihrer individuellen Corporate Identity versöhnt waren. Gehen Sie in diese Siutation in Gedanken noch einmal hinein:
Was *sehen* Sie in der Erinnerung? Was gibt es zu *hören*?
Wie ist das *Körpergefühl*?
Gibt es vielleicht einen *Geruch oder Geschmack,* der zu dieser Erinnerung gehört?

② Denken Sie darüber nach, welches Merkmal der Erinnerung an Identität ein guter Anker sein könnte: Ist es eine Bewegung? Ein innerer Leitsatz, eine Stimme oder Melodie? Ein Bild, vielleicht von sich selbst? Überlegen Sie sich hierzu passend einen geeigneten Identitätsanker, einen persönlichen Gegenstand, ein bestimmtes Kleidungsstück oder einen Duft, der Sie im Alltag an Ihre Corporate Identity erinnert.

③ Denken Sie jetzt an ein bestimmtes persönliches oder berufliches Ziel, daß Sie erreichen möchten.

④ Gehen Sie in der Phantasie zum Kreativen Teil und bitten Sie ihn, alle Teile auf Ihre Identität hin »einzuschwören«. Der Identitätsanker ist in Zukunft auch das »Versammlungszeichen« für die Ankündigung neuer Ziele.

⑤ Stellen Sie sich jetzt vor, wie der Kreative Teil alle anderen Persönlichkeitsteile über das Ziel informiert.

⑥ Gehen Sie jetzt in Gedanken mit Hilfe der Timeline in das gesetzte Ziel hinein. Testen Sie den Identitätsanker: Sind Sie noch unverwechselbar Sie selbst?

140

⑦ Testen Sie das Erfolgsgefühl, welches sich allein schon durch die geschlossene Repräsentation aller Teile Ihrer Gesamtpersönlichkeit nach außen einstellt.

Hinweise zur Übung:

* Lassen Sie sich ruhig ein paar Tage oder Wochen Zeit, um den geeigneten »Identitätsanker« zu finden und genügend Feedback zu der Einzigartigkeit Ihrer Persönlichkeit zu sammeln.
* Die Vorstellung, der Kreative Teil »kalibriere« alle anderen Persönlichkeitsteile immer wieder auf Ihre Corporate Identity, erhöht unbewußt die gelungene Koordination all Ihrer psychischen und physischen Impulse.

2. Teamgeist oder »Kooperation statt Konkurrenz«

Stellen Sie sich vor, jemand hat sich vorgenommen, am Sonntag noch einige wichtige Unterlagen durchzuarbeiten. Am Schreibtisch sitzend, schweift sein Blik nach draußen. Eine innere Stimme scheint zu sagen: »Sieh dir doch mal das schöne Wetter an. Warum gehst du nicht raus?« Der Gedanke ist verlockend. Aber sofort meldet sich eine andere Stimme: »Denk daran, du hast dir diese Arbeit vorgenommen. Aufgeschoben ist aufgehoben.« Obwohl unser Sonntagsarbeiter tapfer am Schreibtisch sitzen bleibt, ist das Interesse an den Unterlagen gestört. Die Arbeit geht nur schleppend voran. Vielleicht gibt er schließlich doch seinem Wunsch nach. Doch kaum bewegt er sich an der frischen Luft, nagen Zweifel an ihm: »Du bist hier draußen, und drinnen wartet die Arbeit.« Zur Erholung kommt es also nicht.

Das ist die klassische »2-Seelen-Situation«, wie sie viele Menschen kennen. Das Gefühl der inneren Zerrissenheit kommt dadurch zustande, daß beide Stimmen so auffällig recht haben. Keiner der Gedanken kann sich wirklich durchsetzen. Selbst wenn Sie einem der wettstreitenden Impulse nachgeben, ist das Ergebnis nur eine getrübte Freude, weil der vermeintlich besiegte Teil sich nur für kurze Zeit ruhig verhält. Über das harmlose Erscheinungsbild dieses inneren Konfliktes hinaus kann sich aus so einer Situation eine massive Erfolgsblockade bilden. Gerade wenn die Phase der widerstreitenden Gedanken überwunden scheint, meldet sich der verdrängte Teil plötzlich »aus dem Untergrund«.

Ein Werbemanager hatte als Student seinen Lebensfreudeteil ausgeprägt entwickelt und sich vorgenommen, diesem Lebensaspekt immer treu zu bleiben. Retrospektiv vollzogen wir nach, wie sein sogenanntes »Karriereteam« (Anerkennungs-, Würde- und Sicherheitsteil) mehr und mehr das »Ruder übernahm«. Dabei schätzte dieses Team den Lebensfreudeteil als überflüssig ein. Er wurde daher verdrängt, boykottiert und ging, nachdem er viele Jahre zu kurz gekommen war, »in den Untergrund«. Wichtige Entscheidungen gingen stets zuungunsten der Lebensfreude aus. Lange Zeit machte der Klient nur kurzen oder gar keinen Urlaub. Nach einigen Jahren stellte sich ein Alkoholproblem ein, organisiert von diesem Teil, da er keine anderen Handlungsmöglichkeiten mehr sah. Das Alkoholproblem wiederum machte dem Karriereteam erheblich zu schaffen und stellte schließlich die Arbeit in Frage.

Wir konnten diesem Mann nachhaltig helfen, in dem wir die betreffenden Teile miteinander verhandeln ließen. Der innere Konflikt war an einem Punkt angekommen, an dem der Machtkampf der Gesamtperson erheblichen Schaden zuzufügen drohte. Karriere und Lebensfreude standen gleichermaßen auf dem Spiel. So können auch von der Absicht her sympathische Teile bei konsequenter Nichtbeachtung dem Gesamtsystem äußerst großen Schaden zufügen. Die Frage, ob nun die Lebensfreude oder die Karriere für einen Menschen wichtiger ist, gleicht der Überlegung, ob bei einem Fahrrad eher das Vorder- oder das Hinterrad fehlen darf.

Der Mann stellte gedanklich also das Karriereteam links und den Lebensfreudeteil rechts von sich auf. Er machte den beiden Seiten in einer inneren Ansprache die Tatsache deutlich, daß sie »in einem Boot sitzen«. Auch ein Boot kommt nicht ans Ziel, wenn die Insassen jeweils selbstüberzeugt ihren eigenen Stil rudern. Im Gegensatz zu den Konflikten in einem Unternehmen können innere Konflikte nicht durch Kündigungen, sondern nur durch Integration gelöst werden. Den Verhandlungspartnern wurde folgendes Angebot gemacht: Wäre es nicht vorteilhaft, die Kräfte, die im Streit verzehrt werden, einzusparen und statt dessen eine Form von Kooperation zu finden? So wurde für diesen Manager die grundlegende Idee des friedlichen Miteinanders für das »Persönlichkeitsunternehmen« geboren.

Als Metapher bietet es sich an, die Teile innerlich zu einer Konferenz zusammenkommen zu lassen. Wie bei »echten Menschen« kann man nicht spontane Herzlichkeit erwarten. Vielmehr muß sich ein langsam aufbauendes Vertrauensverhältnis nach langen Jahren des Mißtrauens und Kampfes entwickeln. Denken Sie sich in der Phantasie einen Ort aus, an dem die Teile an ihrer Teamfähigkeit arbeiten. Es ist nicht entscheidend, innerlich in allen Einzelheiten zu registrieren, welchen Konsens die Teile finden. So weiß einer unserer Seminarteilnehmer schon um den positiven Verlauf, wenn seine Teile in einer gemütlichen italienischen Straßenbar zusammen Kaffee trinken. Wieder ein anderer schickt seine zerstrittenen Teile internal erst einmal auf einen Waldspaziergang. Lassen Sie sich selbst von Ihren Ideen inspirieren. Vom mentalen Konzept her handelt es sich wieder um das Starten einer unbewußten Schleife. Es bietet sich besonders an, die verhandelnden Teile kurz vor dem Schlafengehen zur Konferenz zusammenzubringen und sich am nächsten Morgen oder in den nächsten Tagen vom Ergebnis überraschen zu lassen. Vielleicht holen Sie auch den Kreativen Teil in seiner Funktion als Diplomat, als Berater und Vermittler hinzu. Bestimmen Sie dann mit den Verhandlungsteilen einen Zeitraum, den sie für den Aufbau einer funktionierenden Teamarbeit benötigen. Das oberste Ziel ist ein breites inneres Spektrum durch die verschiedenen »inneren Spezialisten«.

Auch im Unternehmen sitzen Spezialisten als Team zusammen. Genau wie bei den Persönlichkeitsteilen hat jeder eine wichtige Aufgabe zu erfüllen. Der Teampartner wird dabei nicht als Gegenspieler, sondern als Ergänzung zur eigenen Arbeit erlebt. Das Interesse gilt dem Wohl der Gesamtheit, da wiederum alle in einem Boot sitzen. Teamschwierigkeiten führen zu Problemen, die sich durchaus negativ auf die Bilanz auswirken können. Sicher kennen Sie aus Ihrem beruflichen Alltag etliche »Pannen«, die auf mangelndes Teamverständnis im Unternehmen zurückzuführen sind. Denken Sie an den Bereich Projektentwicklung. Wir kennen aus den ver-

143

schiedensten Branchen bedeutende Unternehmen, bei denen die Bereiche Design und Vertrieb im Zwist leben. Der Vertrieb ist davon überzeugt, die Designer kämen wieder mit »unverkäuflichem Quatsch« an, während die Designer den Vertriebsleuten jegliche Sensibilität für den Publikumsgeschmack absprechen. Sie entwickeln ihre Ideen daher konsequent ohne irgendein Feedback von den »phantasielosen Holzköpfen« im Vertrieb. Dies sind keine Erfindungen von uns, sondern wörtliche Zitate. Bis dann ein Konsens erzielt wird, fließt unnötig viel Zeit, Geld und Personalenergie den Bach herunter. Kleinere Unternehmen und solche mit einer dünnen Finanzdecke könnten sich dieses Gerangel gar nicht leisten.

Auch in einem »Persönlichkeitsunternehmen« kann es zum Konkurs durch mangelnde Teamfähigkeit der Teile kommen. Es lohnt daher wirklich für jeden Menschen die Mühe, sich zu einer versöhnten Gesamtpersönlichkeit zu entwickeln. Je mehr verschiedene Persönlichkeitsteile in Ihnen gemeinsam wirken dürfen, desto größer wird Ihr seelischer Reichtum und Ihre äußeren Handlungsmöglichkeiten.

Selbstverständlich gibt es auch Menschen, die es tatsächlich schaffen, Teile von sich abzuschaffen. Je weniger Teile man hat, desto größer ist die Wahrscheinlichkeit, daß sich alle vertragen. Die Integrationsarbeit wird eingespart. Leider merkt man diesen Menschen den Verlust an. In der Tat wirken sie weniger lebendig und werden im Volksmund dann »Spießer« genannt. Spießer sind in der Jägersprache Hirsche, die statt eines prächtigen Geweihs nur noch über ein einziges spitzes Horn verfügen. Wenn wir über jemanden etwas sehr Häßliches sagen wollen, behaupten wir: »Der hat bestimmt nur einen einzigen Persönlichkeitsteil.« Solche Menschen sind mit Sicherheit nicht die geeigneten Führungskräfte von morgen. Gerade zur Zeit rückt für viele Personalabteilungen die Anforderung »Persönlichkeit und Individualität« als Einstellungskriterium immer mehr in den Vordergrund. Die aktive Persönlichkeit mit ihren harmonisch zusammenwirkenden Teilen wird in den Führungsetagen diesen Anforderungen standhalten.

Der Psychologe Alfie Kohn erläutert in seinem Buch »Mit vereinten Kräften«, warum auch in der Wirtschaft die Kooperation der

Konkurrenz überlegen ist. Er enttarnt den biologischen Allgemeinplatz, der besagt, die »natürliche Auslese« erfordere den Wettkampf als Mythos. Dabei bezieht er sich auf Peter Kropotkin, der schon 1902 schrieb: »Konkurrenz beschränkt sich unter Tieren auf Ausnahmezeiten. Bessere Zustände werden geschaffen durch die *Überwindung der Konkurrenz* durch gegenseitige Hilfe.« Kohn beschreibt, wie eine Person in einer Sache Erfolg haben kann, »unabhängig davon, wie gut oder schlecht es einer anderen damit geht«. So muß auch persönlicher Erfolg nicht zwangsläufig auf inneren Opfern beruhen, wie viele Menschen in unserer Gesellschaft meinen.

Damit Sie lernen, wie sich Ihre inneren Energien nicht unnötig aufreiben, sondern ergänzen und unterstützen können, durchlaufen Sie das folgende Verhandlungsmodell.

Übung:
Verhandlung zwischen zwei Persönlichkeitsteilen

① Denken Sie an eine Situation, in der sich in Ihnen immer wieder zwei wettstreitende Teile melden, ohne daß es für Sie zu einer wirklich zufriedenstellenden Lösung kommt. Nennen Sie diese beiden Persönlichkeitsteile innerlich Teil A und Teil B.

② Stellen Sie sich die beiden wie zwei Personen, beispielsweise wie zwei Schauspieler vor. Sorgen Sie in Gedanken für eine typische Darstellung dieser beiden inneren Charaktere. Nehmen Sie den einen Teil rechts, den anderen links von sich wahr.

③ Gehen Sie nach innen, und sprechen Sie in Gedanken Teil A an: Was für eine gute Absicht verfolgst du für mich, worauf paßt du bei mir auf? Verweilen Sie eine gewisse Zeit bei diesem Teil, um seine gute Absicht zu würdigen, und geben Sie ihm einen entsprechend respektvollen Namen.

④ Nehmen Sie sich genausoviel Zeit, um auch die gute Absicht von Teil B zu würdigen. Achten Sie auch hier auf einen Namen, der die gute Absicht positiv umschreibt.

⑤ Lassen Sie beide Teile in Gedanken noch einmal aufführen, worin die Störung durch den anderen Teil besteht. Wo stehen sie sich gegenseitig im Weg? Worüber gibt es vielleicht Mißverständnisse?

6. Versuchen Sie, den beiden innerlich eine »Brücke« zueinander zu bauen. Zeigen Sie beiden, daß Sie sie als Ihre Teile gleichermaßen schätzen. Erläutern Sie sorgfältig die Gründe, die für die Versöhnung zur Teamarbeit sprechen.

7. Denken Sie sich jetzt einen Ort aus, an dem die beiden sich – sei es zu zweit oder mit dem Kreativen Teil in seiner Eigenschaft als Diplomat – zu einem ersten Annährungstreffen und zu späteren Verhandlungen zusammenfinden.

8. Verabreden Sie mit den Verhandelnden, wieviel Zeit sie wohl für die Etablierung einer neuen und funktionierenden Teamarbeit benötigen werden.

9. Bedanken Sie sich bei beiden, und verabschieden Sie sich innerlich. Die unbewußte Schleife ist jetzt gestartet. Wenn Sie später die ersten Fortschritte wahrnehmen, bedanken Sie sich innerlich.

Hinweise zur Übung

- Schon nach kurzer Zeit werden Sie nur noch eine Minute der Konzentration benötigen, um eine innere Verhandlung zu starten.
- Wie bereits erwähnt, eignet sich besonders die Zeit kurz vor dem Einschlafen für den Verhandlungsbeginn, damit das Gehirn den Prozeß in den Traum integrieren kann.
- Diese Übung ist insofern wichtig, als sie die Integrationsfähigkeit des Gehirns steigert. Bedenken Sie, daß schon die einzelne Gehirnzelle nicht auf die Steuerung nur einer Funktion spezialisiert ist, sondern sogar gleichzeitig in mehrere Engramme eingeschaltet ist. Die innere Verhandlung verhilft also auch auf der organischen Ebene zur »Kompatibilität« unserer neuronalen Verhaltensprogramme.
- Oft ergibt sich die Vorstellung eines »konstruktiven Streits« der Persönlichkeitsteile. Die Verhandlung nach den Jahren des gegenseitigen Grolls so zu beginnen, kann wie ein reinigendes Gewitter sehr positiv wirken.
- Sie können die Verhandlung auch vereinfacht durchführen. Haben Sie abends beispielsweise noch eine wichtige Aufgabe zu erledigen und sind sehr übermüdet, hilft schon ein Angebot:

»Lieber Energiehaushaltsteil, du hast mit der Müdigkeit völlig recht. Wenn ich dir verspreche, daß du noch in dieser Woche mit deiner guten Absicht voll zum Zuge kommst, würdest du dich dann bitte jetzt zurückziehen und die Müdigkeit zurücknehmen?« Bei unseren Klienten stellt sich in der Regel schon nach wenigen Minuten dieser inneren Ansprache wieder eine tragfähige Wachheit ein. Das Versprechen muß allerdings dann auch eingelöst werden.

3. Ökonomie
oder »Gemeinsam sind wir stark!«

Stellen Sie sich vor, Sie hätten Ihren Traumwagen bestellt. Nach einer Zeit voller Vorfreude ist er dann endlich abholbereit. Alle Details sind wunderbar: die Farbe, der Motor, die Sitze, die vielen Sonderanfertigungen. Es gibt nur ein kleines Problem – das Auto liegt in Einzelteilen vor Ihnen. Sie können also nicht einsteigen und losfahren.

Genauso wie dieses Auto sind auch die Einzelintelligenzen vieler Menschen nicht »zusammengeschraubt«. Ein NLP-Leitsatz sagt hierzu: »Jedes menschliche Individuum hat die Fähigkeiten, die es braucht, um seine Ziele zu erreichen.« Unser Problem besteht nur darin, daß die Fähigkeiten entweder brachliegen oder in wichtigen Situationen nicht eingesetzt werden. Geschichten über Menschen mit hoch entwickelten Einzelintelligenzen sind jedem bekannt. So herrscht vielfach die Vorstellung, ein Künstler lebe in der Regel in einem »Beziehungschaos«, habe Schulden oder leide an einer tragischen Drogensucht. Seine Kreativität bezieht sich auf seine künstlerische Arbeit und nicht auf gut funktionierende soziale Beziehungen.

Es gibt Menschen, die haben phantastische Eingebungen zu den Fehlerursachen ihres Computers, leiden jedoch an einem Blackout, wenn es um Ideen für eine positive Gestaltung ihrer Ehe geht. Bekannt ist auch der »zerstreute Professor«, der in seinem Fachgebiet penible Genauigkeit walten läßt, aber nicht weiß, wo er seine Socken hingetan hat. Frauen debattieren selbstbewußt beim Ein-

147

kaufen über Preise und versinken vor Angst im Boden, wenn sie bei ihrem Vorgesetzten die völlig berechtigte Gehaltserhöhung einfordern sollen. Übergewichtige klagen darüber, sich selbst beim Essen nicht kontrollieren zu können. In anderen Lebensbereichen sind sie jedoch geborene »Controller«.

Bei Alkoholgenuß können Sie eindrucksvolle Demonstrationen innerer Möglichkeiten erleben. Es gibt Menschen, die wirklich »wie ausgewechselt« wirken, wenn sie etwas getrunken haben. Der Stille wird redselig, der Jähzornige anhänglich und lammfromm, der Diskrete erzählt gewagte Witze, der Müde wird munter, und der »Workoholic« schläft ein. Hier zeigen sich die Persönlichkeitsteile, die in dem Menschen auch ausgeprägt sind, aber im »nüchternen Klima« nicht gedeihen können.

Wir haben es in Coaching-Sitzungen schon oft erlebt, daß bei Klienten ein Teil der Persönlichkeit mit der Vielfältigkeit seiner Aufgabenstellung überfordert ist. Er benötigte zur optimalen Realisierung seiner guten Absicht die Hilfe kompetenter Teampartner. Diese sind zwar im System vorhanden; die Zusammenarbeit ist jedoch unzureichend oder gar nicht organisiert.

Bei einer Seminarteilnehmerin erfüllte der Lebensfreudeteil seine Aufgabe aus qualitativer Sicht sehr gut. Im Umgang mit der Quantität jedoch hatte sie Schwierigkeiten, die sich aus mangelndem Know-how ergaben. Die anderen Teile ihrer Persönlichkeit beherrschten die verschiedenen Lebensbereiche perfekt. Sie waren gute Controller. Jedoch schien der Lebensfreudeteil noch keinen dieser Controller kennengelernt zu haben. Katerstimmungen waren die Folge dieses Organisationsmankos. Die machen auch dem Lebensfreudeteil keinen Spaß. Er bräuchte hier die Unterstützung der anderen fachkompetenten Teile des Systems.

In diesem Fall gingen wir mit den gleichen Mitteln vor, die Ihnen aus den Kapiteln zuvor schon vertraut sind. Die Seminarteilnehmerin stellte sich zunächst den Lebensfreudeteil bildlich vor. Als gedankliche Hilfe wählte sie das Theater. Der Lebensfreudeteil war durch eine üppige Frauenerscheinung in bunten Gewändern besetzt. Sie sprach den so personifizierten Teil innerlich an und würdigte zunächst die wirklich gute Absicht des Lebensfreudeteils für ihr Wohlergehen.

148

Dann überlegte sie, in welchem Lebenszusammenhang sie einen besonders effektiven Controller besaß. Bei ihr war es der finanzielle Bereich, in dem sie genau kalkulierte. Hier trat in ihrer Persönlichkeit der kontrollierende Umgang mit der Quantität, den Geldmengen, als ausgesprochene Stärke auf. Sie stellte sich diesen Aspekt ihrer Persönlichkeit auch als einen Teil vor. Im Gegensatz zu der bunten Gestalt des Lebensfreudeteils malte sie sich ihren Controllerteil als seriös angezogenen Mann aus. Dann suchten wir gemeinsam eine Metapher, in der sich die beiden Teile kennenlernen konnten. Die Idee kam spontan von der Seminarteilnehmerin. Sie machte die beiden Teile in Gedanken einfach als Künstlerin und Manager miteinander bekannt. Der Lebensfreudeteil war offensichtlich über die planende Unterstützung des Controllerteils äußerst erleichtert. Dieser wiederum befand sich durch die zusätzliche Aufgabe als Manager in seinem Element.

So war wieder eine unbewußte Schleife gestartet. Schon am nächsten Tag erzählte uns diese Frau, am Abend zuvor nach zwei »lebensfreudigen« Gläsern Sekt überraschend rechtzeitig und gezielt die »Kurve ins Bett« gefunden zu haben.

Bei einer mangelnden Koordination der inneren Fähigkeiten ergibt sich der Verlust an persönlicher Stärke nicht durch den Streit der Persönlichkeitsteile, sondern durch deren verhindertes Zusammenwirken. Das »Persönlichkeitsunternehmen« arbeitet unökonomisch. Die gegenseitige Unterstützung liegt brach, und gemeinsame Ziele werden durch unkoordinierte Einzelleistungen der Teile nur mühsam erreicht.

Ein großer Mineralölkonzern vollzog 1990 einen tiefgreifenden organisatorischen Wechsel in der Unternehmensstruktur. Er hatte das Ziel, insgesamt beweglicher zu werden. Zu den wichtigsten Maßnahmen zählte ein neues firmeninternes Kommunikationssystem, in dem jeder mit jedem, unabhängig von der Hierarchie oder der Abteilung, Kontakt aufnehmen konnte. Wer schon einmal versucht hat, mit Unternehmensvertretern abteilungsübergreifende Ideen zu besprechen, weiß um den Wert dieser Einrichtung. Denn häufig hat die eine Abteilung mit der anderen nichts zu tun. Oder viele Mitarbeiter denken ihr Unternehmen nicht in einem Zusammenhang, sondern verstehen ihre Abteilung als »Firma in der Firma«. Bei bedeutenden abteilungsübergreifenden Projekten kann sich eine fehlende Koordination dann äußerst negativ auf die Bilanz auswirken. Als man versuchte, einen maroden Handelsriesen wieder auf die Beine zu stellen, fand man folgendes heraus: Die ganzen einzelnen Handelsketten des Konzerns kauften sämtliche Waren getrennt ein – selbst jene Produkte, die alle Geschäfte gleichzeitig in ihren Regalen anboten. Da der Handelskonzern diese Einkäufe nicht zu Gesamtaufträgen an die Lebensmittelindustrie koordinierte, werden jährlich Rabatte in Millionenhöhe verschenkt.

Auch Sie verschenken persönliche und berufliche Gewinne, wenn ihre wertvollen Persönlichkeitsteile nicht nach dem Grundsatz handeln:»Gemeinsam sind wir stark.« Gehen Sie einmal nach innen, und denken sich eine Metapher aus, die ihre Teile zueinanderbringen kann. Zunächst schaffen Sie eine konferenzähnliche Einrichtung, in der alle Teile sich regelmäßig vollständig versammeln können. Lassen Sie Ihrer Phantasie freien Lauf. In der Regel reichen die Vorstellungen unserer Seminarteilnehmer vom Konferenzraum bis hin zu romantischen Plätzen in der Natur. Sogar im Petersdom hat es schon Teilekonferenzen gegeben. Ein wichtiges Thema dieser Versammlung ist dann die»Fähigkeitsbörse« der Teile. Anbieter und Nachfrager können sich hier finden und zur Teamarbeit ergänzen. Weiterhin machen Sie sich eine Vorstellung von der Alltagskommunikation: Können sich alle Teile räumlich erreichen? Oder wäre es besser, wenn alle ein Haustelefon hätten? Lassen Sie Ihre Phantasie spielen. Ein Klient von uns stellte bei der Introspektion fest, daß es in seinem»Persönlichkeitsgebäude« keine Verbindungen zwischen den verschiedenen Etagen und Räumen gab. Das änderte er sofort in seiner Phantasie.

Eine Seminarteilnehmerin berief auf unsere Aufforderung hin innerlich eine Konferenz ihrer Teile zu einem bestimmten persönlichen Thema ein. Dabei bereiteten ihr die Teile eine Überraschung: Sie erhielt die Antwort, man wolle sich erst in zwei Tagen mit dem gestellten Thema befassen. Es sei schließlich das erste Mal, daß sich alle Persönlichkeitsteile von Angesicht zu Angesicht träfen, und man bräuchte eine angemessene Vorbereitungszeit. Erst dann überprüften die Teile die vielfältigen Einsatzmöglichkeiten ihrer Fähigkeiten. Der Kreative Teil übernahm auch hier wieder eine wichtige Funktion. Generell ist er der Moderator der Konferenz. Mit seinen weitreichenden Fähigkeiten übernimmt er dann die ökonomische Koordination der Ressourcen für das Gesamtsystem.

Bedenken Sie beim Thema Ökonomie: Sie haben Fähigkeiten, die Sie nur nicht als solche erkennen. Richard Bandler macht darauf aufmerksam, daß »Zwänge« eigentlich etwas sehr Nützliches sind – sofern sie für den Erfolg eingesetzt werden. Einer unserer Klienten hatte eine Abneigung den jeweils aktuellen Fachtexten gegenüber, die er im Rahmen seiner Tätigkeit regelmäßig durcharbeiten mußte. Er war durchaus keine zwanghafte Persönlichkeit, doch auf unsere Nachfrage fiel ihm sofort ein, daß er kein Staubkörnchen auf dem Teppich zu Hause ertragen konnte. Er mußte sich einfach bücken, um es aufzuheben – ob er wollte oder nicht. Wir baten dann ganz einfach diesen korrekten und scharfsichtigen »Staubkörnchenteil«, mit seinen besonderen Fähigkeiten beim Lesen der Fachtexte mitzuhelfen. Schon eine Woche nach dem Start dieser unbewußten Schleife konnte der Manager seine Fachtexte zügig und zeitsparend lesen. Jeder Mensch hat irgendeinen kleinen »Zwang«, den er gewinnbringend in den beruflichen Kontext integrieren kann.

Für diesen Abschnitt bieten wir Ihnen zwei Übungen an. Die Übung A ist gewissermaßen eine Präventivmaßnahme. Die Teile werden miteinander bekannt gemacht. Übung B macht den konkreten Problemfall zum Thema.

Übung A: »Get together«

1. Stellen Sie sich in Gedanken eine gutfunktionierende Alltagskommunikation Ihrer Persönlichkeitsteile, wie etwa per Haustelefon oder durch räumliche Verbindungen, vor.
2. Bestimmen Sie einen Konferenzort, an dem alle Persönlichkeitsteile in Ihrer Vorstellung zusammentreffen können.
3. Wenn Sie das erste Treffen innerlich stattfinden lassen, geben Sie Zeit und Raum für ein »Get together«.
4. Sprechen Sie den Kreativen Teil an, mit seinen Fähigkeiten bei der ökonomischen Koordination der Gesamtfähigkeiten zu helfen.

151

Hinweis zur Übung:
- Auch hier reicht es völlig aus, wenn Sie eine Minute nach innen gehen und eine unbewußte Schleife starten. Es ist nicht erforderlich, alle Einzelheiten inhaltlich mitzuerleben.

Übung B: »Die Integration der Fähigkeiten«

1. Denken Sie an eine Situation 1, in der Sie mit sich selbst unzufrieden sind oder sich überfordert fühlen.
2. Definieren Sie, welcher Teil Ihrer Persönlichkeit Hilfe braucht.
   Beispiel: Ihr Anerkennungsteil hat auf das attraktive Angebot eines Headhunters reagiert. Die in Aussicht gestellte Position würde eine erhebliche Steigerung Ihres persönlichen und beruflichen Ansehens bedeuten. Wie üblich, wird ein Treffen mit führenden Mitarbeitern des anwerbenden Unternehmens festgelegt. Sie befürchten insgeheim, bei diesem wichtigen Gespräch unsicher zu wirken. Der *Anerkennungsteil* braucht also unterstützende Teampartner.
3. Suchen Sie sich jetzt aus der Erinnerung eine Situation 2, in der Sie *genau so waren, wie Sie es sich für die zukünftige Situation wünschen.*
4. Überlegen Sie, welcher Teil Ihrer Persönlichkeit in dieser Situation 2 dominant ist.
   Beispiel: Beim Tennis fühlen Sie sich selbstbewußt und sicher. Selbst wenn Sie verlieren, bleiben Sie von Ihren Fähigkeiten überzeugt und deuten das verlorene Spiel als Ausnahme. Hier ist also Ihr *Selbstwertteil* stark. Es wäre schön, wenn Sie sich beim besagten Treffen innerlich ebenso selbstsicher fühlen würden.
5. Machen Sie sich ein Bild vom Anerkennungsteil und vom Selbstwertteil.
   Beispiel: Der Anerkennungsteil im Anzug, der Selbstwertteil sportlich gekleidet.
6. Sie bringen die beiden Teile in einer Metapher zusammen. Die Teile planen gemeinsam Ihr Erscheinungsbild im »Vorstellungsmatch«.
   Beispiel: Die beiden führen in Ihrer Phantasie während eines Spaziergangs ein intensives Gespräch.

⑦ Sie bedanken sich bei dem Selbstwertteil für seine Hilfeleistung.

⑧ In Gedanken nehmen Sie beide Persönlichkeitsteile mit zu dem wichtigen Termin.

Hinweis zur Übung:

• Auch hier reicht es für den Erfolg völlig aus, sich vorzustellen, beide Teile arbeiteten jetzt koordiniert zusammen.

4. Ressourcen
oder »Das Ende krönt das Werk« (Shakespeare)

Zum Werk gehören Know-how und das richtige Handwerkszeug. Das Handwerkszeug des Managers wird im allgemeinen »Tools« genannt. Wir widmen uns nun den Ressourcen, den Hilfsmitteln, die ihren Teilen zur Verwirklichung der guten Absicht zur Verfügung stehen. Hiermit ist sowohl die »Arbeitsplatzausstattung«, die Tools, als auch das Know-how der Teile gemeint. Nur diese Grundlagen gewährleisten, aus der guten Absicht auch ein gutes Ergebnis zu machen, den Willen in die Tat umzusetzen.

Für die Mitarbeiter in einem Unternehmen sind diese Voraussetzungen ein absolutes Muß. Was nützt Ihnen ein guter Buchhalter mit einem Holzperlenzähler? Was fangen Sie mit gutmotivierten Mitarbeitern an, die keine EDV-Kenntnisse haben? Als gute Führungskraft sorgen Sie für das richtige Handwerkszeug Ihrer Mitarbeiter.

Die meisten Führungskräfte verändern Strukturen im Unternehmen beherzter als die Strukturen ihrer Persönlichkeit. Es gibt so manchen Manager, der innerhalb weniger Jahre in diversen Unternehmen innovativ tätig war, jedoch schon seit zehn Jahren das Rauchen aufhören will und es einfach nicht schafft. Für einen Coaching-Klienten war das Rauchen über viele Jahre die bestmögliche Entspannungsstrategie seines Gesamtsystems. Befragt nach der guten Absicht des Rauchens, meldete sich der Energiehaushaltsteil zu Wort. Dieser registrierte zwar die Unerwünschtheit seiner Arbeit, kannte aber nach den vielen Jahren keine anderen Möglichkeiten zur Erreichung seiner guten Absicht. Er befürchtete, keine Entspannungsmöglichkeiten mehr zu haben, und fuhr fort, das Rauchen zu organisieren. Das Ziel war also, neue Wege zu finden, mit denen der Energiehaushaltsteil eine genauso wirksame Entspannung erreichen konnte – allerdings ohne Nebenwirkungen. Die anderen Teile sollten dabei helfen und nicht nur »nörgeln«.

Sie kennen die erforderliche Veränderungstechnik schon aus dem Kapitel »Die Kraft des Unbewußten nutzen«. Im folgenden muß der Kreative Teil mit dem Energiehaushaltsteil zusammengebracht werden, damit über neue Wege beraten werden kann. Bei dem besagten Manager waren nicht nur neue Wege notwendig. Er hatte mit dem Blick nach innen festgestellt, daß sein Energiehaushaltsteil auch in »erbärmlichen Räumlichkeiten« arbeitete. Also sorgte er in der Phantasie zunächst für einen angemessenen Arbeitsplatz. Allein das erhöhte die neuen Möglichkeiten dieses Teils erheblich.

Machen Sie sich hier noch einmal bewußt, wie wichtig die systemische Veränderung im Persönlichkeitsunternehmen ist. Sicherlich müssen unternehmerische Veränderungen oft radikal sein. So werden beispielsweise unwirtschaftliche Geschäftszweige geschlossen, wenn sich ein Unternehmen »gesundschrumpfen« soll. Jedoch geht man immer systemerhaltend vor. Stellen Sie sich nun vor, eine Führungskraft plant, bei einer solchen Veränderung jede zweite Abteilung zu schließen: die Telefonzentrale, die Buchhaltung, den Fuhrpark. Bei diesem Beispiel schmunzelt man in der Regel. Warum schmunzelt niemand, wenn Menschen persönliche Veränderungen in diesem Stil vornehmen?

Übung:
Neues Know-how, neue Tools
① Bestimmen Sie eine Befindlichkeit oder ein Verhalten, das Sie an sich ändern möchten.
② Finden Sie heraus, welcher Persönlichkeitsteil hierfür zuständig ist, und benennen Sie diesen Teil mit einem Namen, der seine gute Absicht würdigt.
③ Bringen Sie diesen Teil mit dem Kreativen Teil zusammen. Bei einer inneren Konferenz erarbeiten die beiden:

Neues Know-how – drei neue Wege, die der effektiven Verwirklichung der guten Absicht dienen, die im Gesamtsystem gutgeheißen werden und keine unangenehmen Nebenwirkungen haben. In Analogie zu einem Unternehmen wäre das die Fortbildung.

Neue Tools – der »Arbeitsplatz« muß in der Phantasie entsprechend ausgestattet sein.

④ Sie verabreden innerlich einen sinnvollen Zeitrahmen für die Veränderung.

⑤ Sie bedanken sich bei den beiden Teilen. Die unbewußte Schleife ist gestartet, und Sie konzentrieren sich wieder auf den Alltag.

Hinweis zur Übung:
- Wählen Sie den Zeitrahmen realistisch. Es kann beim Rauchen beispielsweise ein dreiviertel Jahr dauern, bis die neuen Wege zur wirksamen Alternative werden und die Zigarette nicht mehr schmeckt. Sie sichern mit einer angemessenen Zeitvorstellung die Stabilität der Veränderung ab.

5. Flexibilität oder »Der Weg ist das Ziel!«

Wir Menschen sind lebende Organismen und stehen in einer ständigen Feedbackschleife mit der Umwelt. So kann sich niemand den Luxus leisten, in dem Glauben zu leben, er müsse sich nicht mehr verändern. Was nützt Ihnen der »Stand Ihrer Persönlichkeit« von vor zehn Jahren, wenn sich um Sie herum alles gewandelt hat? Ein toter Gegenstand, wie beispielsweise ein Auto, ist nach der Produktion fertig und baut in der Qualität von da an nur noch ab. Der Mensch hat die Chance, sich ständig zu verändern. Wir Menschen verfügen sogar über Zellgewebe, welches sich ständig erneuert – denken Sie nur an das Organ Haut. Machen Sie sich noch einmal die Ausbaumöglichkeiten des menschlichen Gehirns bewußt.

Flexibilität gibt Stabilität. Denken Sie an die Wolkenkratzer, die besonders beweglich konstruiert sind, damit sie »biegsam« einem

Sturm standhalten können. Viele unserer Coaching-Klienten halten an alten Verhaltens- und Denkweisen fest, obwohl eine Veränderung dringend erforderlich wäre. Alle aktuellen Erkenntnisse sprechen für einen Wandel. Da jedoch das alte Verhalten und die alte Denkweise schon seit vielen Jahren als Engramm stabil sind, entstehen *Einwände gegen den Aufwand der Veränderung* – nicht gegen die Veränderung selbst. Die gute Balance zwischen der inneren Welt und den äußeren Faktoren gerät in Gefahr.

Exemplarisch ließ sich die Unflexibilität vor einigen Jahren beobachten, als die großen Unternehmen auf EDV umstellten. Neben vielen berechtigten Einwänden begründeten die Mitarbeiter ihre Abneigung gegen die Veränderung mit folgendem Argument: »Das haben wir doch schon immer so gemacht, warum soll jetzt alles anders werden?« Die Begründung, schon immer so gewesen zu sein und bestimmte Dinge schon immer so gemacht zu haben, reicht vielen Menschen als stichhaltiges Argument gegen eine sinnvolle Veränderung aus.

Stellen Sie sich vor, jemand erleidet Schiffbruch. Er droht im Meer zu ertrinken, aber da wirft man ihm schnell einen Rettungsring zu. Der Mann erreicht das rettende Ufer und beschließt: »Von nun an werde ich immer einen Rettungsring tragen; so kann ich nie mehr ertrinken.« Er trägt ihn viele Jahre an Land und wird in seinem Entschluß bestätigt: »Die Maßnahme hat sich rentiert, ich bin seitdem tatsächlich nie mehr in Gefahr gewesen zu ertrinken.« Der Rettungsring stört zwar auf Konferenzen, im Flugzeug und beim Zusammensein mit der Freundin, aber das nimmt er gern in Kauf. Wird er auf den störenden Ring angesprochen, sagt er: »Diesen Ring lege ich deshalb nicht mehr ab, weil ich ihn schon viele Jahre trage.« Der Mann kann einfach nicht mehr von seinem Rettungsring ablassen.

Sicher haben Sie schon einmal von den verschiedenen Phasen im Aufbau eines Unternehmens gehört. Für den erfolgreichen Start bedarf es immer eines Pioniergeistes als Führungskraft. Der Rettungsring des Wegbereiters ist der Mut und die Entschlossenheit, etwas Neues zu wagen, verknüpft mit einem ausgeprägten Expansionsdrang. Der Vorreiter verkörpert das Gegenteil von Ordnung. Er durchbricht sie mit seinen neuen Ideen und Entwürfen und bekommt so erfolgreich einen Fuß in den Markt. Nicht selten jedoch bekommen Pioniere Schwierigkeiten, wenn das Unternehmen dann erfolgreich aufgezogen ist. Denn jetzt müßte die Phase der Strukturierung und Ordnung im Unternehmen folgen. Für den Vordenker stellen administrative Aufgaben das Gegenteil seiner Stärke dar. Der Rettungsring beginnt, die weiteren Entwicklungen seiner Persönlichkeit zu behindern. Für einen Unternehmer wäre es höchst unökologisch, am Ende jeder Pionierphase immer wieder ein neues Unternehmen aufzubauen. Es wäre dagegen sehr viel sinnvoller, aus dem starren »Programm« auszubrechen und andere Seiten der Persönlichkeit zu kultivieren.

Ein erfolgreicher Manager wandte sich mit Streßsymptomen an uns. Wir fanden heraus, daß es viele Jahre im Interesse aller seiner Teile erforderlich war, sämtliche zur Verfügung stehenden Kräfte in berufliche Aufgaben zu stecken. Entsprechend wurde dem Sicherheitsteil in Übereinstimmung mit den anderen Teilen die Führung überlassen. Die Bemühungen wurden eines Tages von einem stabilen Erfolg gekrönt. Eine übermäßige Anstrengung war zum Erhalt des Erfolges nicht mehr erforderlich. Es war ihm aber unmöglich, sich beruflich nicht mehr so stark zu verausgaben. Statt nun ein »Ruheprogramm« zu entwickeln – das sein Körper nachdrücklich einforderte –, suchte er sich immer neue Aufgaben und hielt so den Streß aufrecht. Die anderen Persönlichkeitsteile, die sich im Rahmen ihres Stillhalteabkommens auf eine zeitliche Begrenzung der Überforderung verlassen hatten, reagierten nun, und der Mann wurde krank. Als ihm klar wurde, daß er eine starke unbewußte Angst vor einem ihm fremden Lebensprogramm hatte, konnte er sich sehr schnell verändern und seiner Gesundheit Rechnung tragen. »Denn Angst paßt nicht zu mir«, kommentierte er seine Veränderung.

Die Abneigung gegenüber Veränderungen resultiert häufig aus der Angst vor dem Chaos, das eine Entwicklung begleiten kann. Jede Neuordnung bringt die alte durcheinander. In den letzten Jahren hat sich als neues wissenschaftliches Gebiet die Chaos-Forschung etabliert. In einem entsprechenden Beitrag aus dem GEO-Sonderheft zu diesem Thema heißt es: »Eines Tages geht der Patient nicht mehr zum Arzt und sagt: ›Mit mir ist etwas nicht in Ordnung‹, son-

dern: ›Mit mir ist etwas nicht im Chaos.‹« Man hat nämlich heraus-
gefunden, daß viele organische Funktionen des menschlichen Körpers chaotisch verlaufen müssen, um die Gesundheit zu gewährleisten. So kann beispielsweise eine unflexible, erstarrte Reaktions-
weise des menschlichen Stoffwechsels üble Folgen haben und zum
schmerzvollen Knochenschwund führen.

Erst die Fähigkeit zum Chaos und zur Flexibilität ermöglichen uns
offensichtlich gesunde Reaktionsmuster auf äußere Einflüsse – und
das nicht nur in medizinischer Hinsicht.

Übung:
Der Veränderungskoordinator

(1) Sie stellen sich Ihr Persönlichkeitsunternehmen wie einen richtigen Betrieb vor.

(2) Malen Sie sich aus, bei einer Betriebsbesichtigung käme man
auch zu der Abteilung, in der der »Veränderungskoordinator«
arbeitet. Er bedient eine leistungsfähige Computeranlage.

(3) In Ihrer Phantasie sorgen Sie für die Gewährleistung folgender
Details:

Die Computeranlage hat den »aktuellen Stand« an Ihren Verhal-
tens- und Denkmöglichkeiten gespeichert.

Wie in einer Nachrichtenzentrale kommen ständig die neuen
Botschaften aus der Außenwelt und werden *sorgfältig verwertet*,
statt ungelesen in den Papierkorb zu wandern.

Stimmen die Daten der Außenwelt auf besorgniserregende Weise nicht mit dem aktuellen Verhaltens- und Denkrepertoire
überein, leuchtet eine Kontrollampe auf.

(4) Wenn die Kontrollampe leuchtet, informiert der Veränderungskoordinator den Kreativen Teil über die externen Veränderungs-
größen.

(5) Der Kreative Teil beruft eine Konferenz der Teile ein. Gemeinsam wird die Reaktion auf die äußere Veränderung organisiert.

(6) Wenn sich die Teile versammelt haben, bedanken Sie sich bei
allen Beteiligten. Die unbewußte Schleife ist gestartet.

Hinweise zur Übung:
- Vielleicht entwickeln Sie auch eine eigene Metapher für den Veränderungskoordinaator. So stellte sich ein Seminarteilnehmer diesen Teil weniger technisch vor. Er sah sich im Korb des »Ausguckmastes« seines »Persönlichkeitsschiffes«. Der Veränderungskoordinator rief der Mannschaft hinunter, wann die Segel anders gesetzt werden mußten, wann Land oder ein Piratenschiff in Sicht war.
- Wiederholen Sie diese Übung einmal im Monat. Notieren Sie sich dazu einen bestimmten Tag im Kalender. Auch hier benötigen Sie nur eine Minute voller Konzentration zur Abwicklung dieser mentalen Aufgabe.
- Nach einer Gewöhnungszeit wird für Sie Flexibilität zu einer *stabilen* Grundhaltung werden.
- Es kann auch sein, daß Sie mit zunehmender Flexibilität »Persönlichkeitsteile in Rente schicken« und neue dafür einstellen wollen. Veranstalten Sie dann innerlich ein Fest, das die »Altgedienten« in vollen Ehren entläßt. Sie können noch als Berater fungieren oder vielleicht sogar ein Denkmal für besondere Verdienste bekommen. So kann man ehemalige Verhaltens- und Denkweisen in positiver Erinnerung behalten, und dennoch mischen sie sich nicht störend in das aktuelle Geschehen. Der Rettungsring würde also einen Ehrenplatz an der Wand erhalten, ohne immer getragen werden zu müssen. Im Notfall kann er dann wieder eingesetzt werden.

Heureka mit Methode:
Zielmanagement mit den
Coach-Yourself-Tools

Wir fassen nun die bisher erarbeiteten Inhalte zusammen. Schon nach wenigen Tagen der bewußten Beschäftigung mit dem *Coach-Yourself*-Programm können Sie diese Selbstmanagementmethode zielgerecht einsetzen.

Zunächst haben Sie für sich eine Möglichkeit entwickelt, Ihre Gedanken mit Hilfe einer Entspannungstechnik nach innen zu

richten. Sie beherrschen entweder schon eine Entspannungsmethode, oder Sie haben unsere Methode »Die Sinneskanäle als
Kraftquellen« erlernt. Der Zustand der nach innen gerichteten
Konzentration ermöglicht Ihnen das Starten unbewußter Schleifen. Auch die Minuten vor dem Einschlafen können Sie hierfür
sinnvoll nutzen. Am besten ist es, wenn Sie sich eine Coaching-
Notiz für ein bestimmtes persönliches oder berufliches Projekt
erstellen.

Für ein gelungenes Zielmanagement sind zwei Voraussetzungen
erforderlich:

1. »Can I win?«

Diese Frage wird durch den Step »Erfolg haben will gelernt sein«
beantwortet. Sie wissen jetzt, wie Sie ein persönliches Ziel »gehirngerecht« präsentieren können, verbinden Sie mit jedem Sinneskanal einen Inhalt, der mit Ihrem Zielzustand übereinstimmt. Vermeiden Sie auf jeden Fall Negationen. Formulieren Sie positiv.

Visuell (eine Farbe, ein Bild) . . . .

Auditiv (Stimmen, Klänge, Geräusche, eine Melodie) . . . .

Kinästhetisch (Körpergefühl genau beschreiben) . . . .

Geruch oder Geschmack (der mit dem Ziel assoziiert werden kann) .

Notieren Sie sich den oder die wichtigsten Zielqualitäten, und
besorgen Sie sich einen Zielanker.

Weitere Tools für die gehirngerechte Präsentation

Mit Hilfe des »Drehbuchmenüs« drehen Sie sich einen positiven
Zukunftsfilm.

Sie bauen das Ziel auf der »Timeline« auf und assoziieren sich mit
dem Zielzustand im Sinne einer »Probefahrt«.

Wichtig ist auch der körpereigene Ressourcenanker.

Positive Eigenmotivation

Sie machen sich noch einmal die von Ihnen gewählte Stimme Ihres
inneren Mentors bewußt. Diese Stimme gibt Ihnen die Kraft, auch
»Durststrecken« zu überwinden.

Mit diesem Zieltraining wird Ihr Gehirn angeregt, entsprechende
neuronale Verknüpfungen zu erstellen. So entwickeln Sie ein fest

verknüpftes Zielengramm, welches durch seine Stabilität dann »in Fleisch und Blut« übergeht.

2. »May I win?«

Ein stabiles Engramm allein reicht für die mentale Zielprogrammierung nicht aus. Es muß auch noch mit den bereits vorhandenen Engrammen vereinbar sein und in die Gesamtpersönlichkeit integriert werden. Bereitet die Integration Schwierigkeiten, präsentieren sich die inkompatiblen Engramme als Erfolgsblockade. Im Step »Die Kraft des Unbewußten nutzen« haben Sie gelernt, wie Sie die Blockadendynamik durch die eigene Kreativität und die innere Versöhnungsbereitschaft zum zielgerichteten Lokomotiveffekt umwandeln können.

Sie wissen, wie man mit der Metapher der Persönlichkeitsteile arbeitet. Die wichtigste Rolle kommt hier dem Kreativen Teil zu. Sie haben für sich die äußere Erscheinung dieses Teils bestimmt. Dann haben Sie einen Ort festgelegt, an dem der Kreative Teil »wohnt«, sowie einen Konferenzort, an dem sich alle Persönlichkeitsteile treffen können. Diese beiden Orte können auch identisch sein.

In diesem Step haben Sie das Pentagramm kennengelernt. Es symbolisiert die fünf wesentlichen Qualitätsmerkmale für die Zusammenarbeit Ihrer Persönlichkeitsteile.

All diese Bausteine können Sie zu einer unbewußten Schleife zusammenfassen:

Ich definiere ein Ziel, präsentiere es der Teilekonferenz und bitte den Kreativen Teil, das Ziel im Sinne des Pentagramms mit allen Persönlichkeitsteilen gemeinsam zu organisieren.

Vergegenwärtigen Sie sich: Zur Konferenz treffen sich alle Persönlichkeitsteile. Der Kreative Teil »schwört« alle im Sinne der Corporate Identity auf Ihre Gesamtpersönlichkeit ein. Einwände sind willkommen und werden durch Verhandlungen im Sinne des Teamgeistes integriert. Es werden Teile gefunden, die ökonomisch mithelfen können, das Ziel zu erreichen. Persönlichkeitsteile mit alten oder störenden Verhaltensweisen finden neue Wege zur Realisierung ihrer guten Absicht. Vielleicht übernimmt der Motivationsteil die Aufgabe, für die Flexibilität und den allgemeinen Veränderungswillen zu sorgen.

Sie selbst sorgen dafür, sich zwei Zeitvorstellungen zu machen:

1. Wie lange wird die Konferenz dauern, bis ein praktikables Ergebnis erarbeitet wird?
   Wie auch auf tatsächlichen Tagungen kann die Erarbeitung guter Konzepte länger, oft sogar einige Tage dauern.
2. Wie lange wird die Phase der Realisierung dauern?
   Es ist abzusehen, daß wichtige Veränderungen trotz guten Willens nicht von heute auf morgen umgesetzt werden können. Auf unseren Seminaren werden von den Teilnehmern Umsetzungszeiten für wichtige berufliche und persönliche Coaching-Projekte von bis zu einem Jahr genannt.

Wenn Sie beide Zeiträume zusammen berücksichtigen, haben Sie die sogenannte *Neurostatzeit* definiert. Das Ziel ist jetzt in Ihrer Neurologie stabil und ökologisch etabliert. Es ist eingestellt, so wie man bei einen Thermostaten eine bestimmte Temperatur einschaltet. Bedenken Sie den Backofeneffekt: Das einmalige Einschalten der Temperatur ist nur ein kurzer Handgriff, vergleichbar mit dem Start der unbewußten Schleife. Die Entwicklung der Zieltemperatur verläuft dann nach physikalischen Gesetzmäßigkeiten über einen gewissen Zeitraum. Sie können für die endgültige Zeitbestimmung auch noch einmal mit der Timeline arbeiten.

Diese Schritte sind das »Heureka mit Methode«. Sie etablieren ein neuronales Programm, das dann als *Neurostat* die gewünschte Veränderung wie ein neues Programm unbewußt und automatisch umsetzt.

Kurzzusammenfassung für eine persönliche Coaching-Notiz

1. »Can I win?« – das Engramm

Ziel (vielleicht codieren):

V _____

A _____

K _____

G/O (Geruch/Geschmack)

M (Motorik, die Ressourcebewegung)

Motivationsstimme (Mentor)

Zielanker

2. »May I win?« – das Pentagramm

Kreativer Teil (Vorstellung)

Konferenzort

Wichtige Teile

Neurostat-Zeit

- Corporate Identity
- Teamgeist
- Flexibilität
- Ressourcen
- Ökonomie

Hinweise zur Kurzzusammenfassung:

- Nachdem Sie die unbewußte Schleife gestartet haben, denken Sie nur noch gelegentlich an die Konferenz und konzentrieren sich wieder auf den Alltag. Sie können sich in größeren Abständen »einschalten«. Es reicht, wenn Sie zur Aktivierung der Konferenz Ihren *Zielanker* immer oder möglichst oft dabeihaben.
- Denken Sie bitte daran, beim Einberufen der Konferenz den richtigen Tonfall zu benutzen.
- Bedanken Sie sich schon für kleinste positive Ergebnisse. Das

163

regt das Gehirn und den Organismus an, die Entwicklung zu forcieren.

- Lassen Sie auch hier wieder individuelle Vorstellungen zu. So sieht der Geschäftsführer eines großen Medienunternehmens seine Teile am Strand nicht miteinander sprechen, sondern zusammen tanzen, während die Konferenz seine Coaching-Projekte entwickelt.
- Natürlich können Sie der Konferenz auch zumuten, zwei oder drei Projekte parallel zu bearbeiten. Auch ein Vorstand hat verschiedene Tagesordnungspunkte zu bewältigen. Legen Sie sich dann bitte pro Projekt eine Coaching-Notiz an.

Der Manager als »integrierte Persönlichkeit«

Wenn Ihnen die Arbeit mit dem Engramm und dem Pentagramm in Fleisch und Blut übergegangen ist, wird sich ein wichtiger psychophysiologischer Effekt einstellen: Sie werden eine Steigerung Ihrer *Kongruenz* und somit Ihrer Überzeugungskraft erzielen. Von Kongruenz sprechen wir, wenn sich alle Persönlichkeitsteile über ihre jeweiligen Ziele einig sind, sei es durch aktive Beteiligung oder durch kooperative Toleranz wie beispielsweise von Stillhalteabkommen. Die ökologische Integration aller Persönlichkeitsteile in die Gesamtpersönlichkeit wird sich über physiologische Parameter bemerkbar machen, die willentlich nur schwer zu aktivieren sind und von den Mitmenschen eher unbewußt wahrgenommen werden.

Je stärker die Kongruenz, desto größer die Ausstrahlung und die Überzeugungskraft einer Persönlichkeit.

Das Ausmaß der Integration aller Persönlichkeitsteile in die Gesamtpersönlichkeit drückt sich auf der körperlichen Ebene am deutlichsten in der Körperhaltung eines jeden Menschen aus. Generell ist die Körperhaltung um so *symmetrischer,* je kongruenter wir eine Meinung vertreten, je mehr Teile unserer Persönlichkeit unsere Einstellung zu einem Thema gemeinsam unterstützen.

Nicht von ungefähr sind religiöse Vorbilder in ihrer Haltung bildlich meist *körpersymmetrisch* dargestellt, das heißt, die linke Körperhälfte verhält sich deckungsgleich zur rechten. Selbstverständlich ist es für Führungskräfte nicht erforderlich, die Ausstrahlung von Heiligen zu bekommen. Doch persönliche Kongruenz wirkt auf das Umfeld überzeugender und natürlicher als jede einstudierte Phrase oder äußere Aufmachung. Die Überzeugungskraft von Führungspersönlichkeiten, an denen sich andere gern orientieren, wird durch die innere Koordination aller Teile der Gesamtpersönlichkeit ermöglicht. Die integrierte Persönlichkeit übt deshalb eine Faszination auf andere aus, weil sie für all jene Menschen ein nachahmenswertes Modell darstellt, die »mit sich selbst uneins« sind.

Vor allem in Problem- und Entscheidungssituationen versagen einstudierte Verhaltensschemata. Spontane, innovative Ideen sind nun gefragt. Hier zeigt es sich, wie gut Ihr »inneres Team« bereits in der integrierten Zusammenarbeit erprobt ist. Aus diesem Grund sollten Sie wichtige bevorstehende Entscheidungen mit Hilfe Ihrer persönlichen *Coach-Yourself*-Metapher (Konferenz aller Persönlichkeitsteile mit dem Kreativen Teil) durcharbeiten. Das Ergebnis wird eine kongruente Ausstrahlung in der jeweiligen Situation sein.

Das Pentagramm ist ein lebendiges Modell für die Persönlichkeitskultur, das Ihnen eine optimale Reaktion in schwierigen Situationen ermöglichen wird.

Zusätzlich können Sie noch den nachfolgend vorgestellten »*Kongruenz-Test*« nutzen. In diesem Test wird das Wissen über die *Körpersymmetrie* als Indikator für »unökologische Lösungen« genutzt. So beklagte sich einer unserer Seminarteilnehmer über seine Ungeduld den Mitarbeitern gegenüber. Wir baten ihn, sich so hinzusetzen, daß die linke und die rechte Körperhälfte dasselbe tun, und mit geschlossenen Augen eine Reise in die Zukunft zu machen. Während dieser Probefahrt sollte er eine geduldige Zusammenarbeit mit den Mitarbeitern testen. Nach kurzer Zeit baten wir ihn, die Augen wieder zu öffnen. Spontan schlug er die Beine übereinander und berichtete später, daß er gar nicht anders konnte, als diese Körperhaltung einzunehmen – obwohl wir ihn gebeten hatten, symmetrisch sitzen zu bleiben. So zeigte sich im Körperausdruck direkt der Einwand gegen diese Veränderung.

Übung: Der »Kongruenz-Test«

① Denken Sie bitte an eine zukünftige Situation, in der es für Sie mehrere Verhaltensmöglichkeiten gibt. Sie haben sich noch nicht für eine Lösung entschieden. Die Situation fordert also Ihre Entscheidung heraus.

② Sie denken jetzt auf folgendeWeise an eine der Ihnen bekannten Lösungen (Lösung A):
Setzen oder stellen Sie sich bitte *körpersymmetrisch* hin. Denken Sie für zwei Minuten an Lösung A. Was *sehen hören, fühlen, riechen und schmecken* Sie, wenn sie an diese Lösung denken?
Versuchen Sie während dieser Zeit die Körpersymmetrie beizubehalten. Beobachten Sie sich selbst dabei, wie leicht Ihnen diese Körperhaltung fällt. Nehmen Sie die Impulse wahr, die Ihre Haltung verändern wollen.

③ Bewegen Sie sich kurz, um diese Erfahrung zu »neutralisieren«.

④ Verfahren Sie jetzt genauso mit der nächsten Lösung (Lösung B) sowie mit den weiteren Möglichkeiten.

⑤ Schenken Sie der Lösung die meiste Beachtung, die Ihre *Körpersymmetrie* am stärksten unterstützt!
Überprüfen Sie, ob Sie bei den anderen Lösungen vielleicht etwas Wichtiges übersehen haben.

Hinweis zur Übung:

• Mißverstehen Sie diese Übung nicht dahingehend, sich krampfhaft symmetrisch hinsetzen zu müssen. Gerade der spontane Körperausdruck gibt Ihnen wertvolle Hinweise über Ihr Unbewußtes und mögliche Einwände Ihrer Persönlichkeitsteile.

Step 4:

Coach Yourself in der Interaktion

4

Die in Steps 1 bis 3 erläuterten Wege und Möglichkeiten der Kommunikation mit sich selbst. Sie haben gelernt, in Ihrem eigenen »Persönlichkeitsunternehmen« eine Kultur zu beleben und Qualitätsmaßstäbe im Umgang mit sich selbst zu setzen.
Der nächste Schritt ist nun die aktive Gestaltung der Unternehmenskultur. Über das Selbstmanagement hinaus bieten wir Ihnen in Step 4 noch einige Kommunikationsübungen an, die der Gestaltung der Interaktion in der Berufswelt dienen.

Von der aktiven Persönlichkeit zum aktiven Unternehmen

»Willst du das Land in Ordnung bringen,
mußt du erst die Provinzen in Ordnung bringen.
Willst du die Provinzen in Ordnung bringen,
mußt du erst die Städte in Ordnung bringen.
Willst du die Städte in Ordnung bringen,
mußt du die Familien in Ordnung bringen.
Willst du die Familien in Ordnung bringen,
mußt du die eigene Familie in Ordnung bringen.
Willst du die eigene Familie in Ordnung bringen,
mußt du dich *in Ordnung bringen.«*
Orientalische Weisheit
(Peseschkian, »Auf der Suche nach Sinn«).

Mit der letztgenannten Grundlage dieser Weisheit für eine Veränderung äußerer Systeme haben wir uns bisher beschäftigt. Unsere Definition des Menschen, der sich selbst in Ordnung bringt, ist die der »aktiven Persönlichkeit«. »Aktive Persönlichkeit« – weil alle Persönlichkeitsteile in Ihrem inneren System ihren Platz aktiv und in Zusammenarbeit mit den anderen Teilen ausfüllen. So besteht die größte Chance, die Menschen in Ihrem Unternehmen durch eine lebendige Ausstrahlung »anzustecken«. »Denn erst Persönlichkeit, verrührt mit fundiertem Theorie- und Praxiswissen, ergibt die chemische Substanz, mit der Führungskräfte positive Kettenreaktionen im Unternehmen auslösen«, schreibt die Zeitschrift »Junge Karriere«.

Warum ist diese Kettenreaktion so wichtig? Der Soziologe Etzioni gibt in seinem Buch »Die aktive Gesellschaft« folgende Definition: *»Aktiv sein heißt verantwortlich sein,* passiv sein heißt kontrolliert werden, durch Naturprozesse, durch soziale Bewegungen und Strömungen oder – durch aktive andere.« Unternehmen benötigen aktive Mitarbeiter, die Verantwortung übernehmen. So hat die Führungskraft heutzutage die Aufgabe, Verantwortlichkeit und Aktivität der Mitarbeiter zu wecken und zu fördern, statt den Helden vor einem kontrollierten und bevormundeten Mitarbeiterstab zu spielen. Etzioni sagt, »daß die Vorstellung von einem individualistischen Aktivisten, einem furchtlosen Helden, der allein auf sich gestellt sein Schicksal meistert, vollständig an der Realität vorbeigeht . . . Es gibt einfach nicht genug Heroen, um auf sie eine soziopolitische Theorie zu bauen.«

Diese Feststellung heißt auf unser Thema übertragen: »Es gibt in einem Unternehmen einfach nicht genug Helden, um auf sie eine Unternehmenskultur zu bauen.« Dennoch gehen viele Seminare für Manager an diesen Erkenntnissen vorbei. Man denke an die »Survival-Trainings«, die ja in der Tat heldenverdächtig aufgezogen sind. Sie unterstützen die Teilnehmer noch in dem unseligen Gefühl: »An der Spitze bin ich allein.« Das Geld für solche Seminare wäre besser in einer Teamsupervision mit einem erfahrenen Coach angelegt. Eine fähige Führungskraft sollte kein Held sein, sondern ein guter Coach, der mit aktiven Mitarbeitern ein aktives Unternehmen gestaltet. Diesem Ziel sind die folgenden Kapitel gewidmet.

Wie kann ich bewußt eine positive »Wellenlänge« zwischen mir und meinen Mitmenschen erzeugen?

Um tatsächlich eine »Kettenreaktion« im Unternehmen auslösen zu können, müssen die »Verbindungen« zwischen Ihnen und den anderen Menschen in Ordnung sein. Nicht umsonst spricht man davon, einen »Draht« zu anderen zu haben. Selbst bei drahtloser Kommunikation muß doch zumindest die »Wellenlänge« stimmen, damit die Informationen so aufgenommen werden, wie sie gemeint sind.

Sitzen Sie in einem Restaurant, können Sie intuitiv erraten, ob die Personen an den Nebentischen untereinander einen »guten Draht« haben oder nicht. Dazu müssen Sie den Inhalt der ausgetauschten Worte und Sätze nicht einmal verstehen. Kommunikationspartner drücken ihre »Wellenlänge« nonverbal über die Körperhaltung (Nähe, Distanz) und verbal durch das Sprechtempo und die Lautstärke aus. Im NLP und *Coach Yourself* wird die »gute Wellenlänge« mit dem Terminus *Rapport* bezeichnet.

Aus dem Alltag kennen Sie solche Beispiele, ohne bewußt darüber nachzudenken. Haben Sie schon erlebt, wie ein Erwachsener spontan seine Stimmlage ändert, wenn er sich über einen Kinderwagen beugt? Er paßt sich den kindlichen Tönen an. Genauso beugen sich Erwachsene im Gespräch mit Kindern oft herab oder gehen entsprechend in die Knie, um auf Augenhöhe Kontakt aufzunehmen. Hier wird Rapport zur Körpergröße aufgebaut. In bestimmten Kulturen wird noch der Volkstanz gepflegt. Gemeinsame rhythmische Bewegungen und der gleiche Gesang stärken den Rapport der Gruppe. Obgleich wir üblicherweise keinen Volkstanz aufführen, stellen wir körperlich mit unseren Mitmenschen bei der Begrüßung Rapport durch Händedruck oder Kopfnicken her. Auf der inhaltlichen Ebene werden bei gutem Rapport oft ähnliche Formulierungen gewählt. Sagt der eine Gesprächspartner: »Ich sehe da noch einen Berg Arbeit auf uns zukommen«, wird der andere sprachlich auch auf der visuellen Ebene reagieren: »Wir müssen uns einfach bemühen, den Überblick zu behalten!« Eine Antwort auf einer anderen Sinnesebene wäre vielleicht: »Wir werden uns eben bemühen, die Last gemeinsam zu tragen.« Hier wird der kinästhetische, körperorientierte Kanal angesprochen, der Rapport ist dann nicht so optimal.

Rapport ist in der Regel vorhanden, wenn sich zwei Gesprächspartner spontan sympathisch finden. In der Berufswelt werden Sie in der Regel so vielen verschiedenen Menschen begegnen, daß nicht bei jedem Kontakt sofort die gute Wellenlänge garantiert ist. Oft sind Sie darauf angewiesen, den guten Rapport in der Kommunikation erst einmal herzustellen, denn Rapport ist die Voraussetzung für eine gelungene zwischenmenschliche Kommunikation.

Es kann sich schon störend auswirken, wenn ein Norddeutscher und ein Schwabe ein unterschiedliches Sprechtempo bei Verhandlungen an den Tag legen. Beide Gesprächspartner haben intuitiv das Gefühl, es »stimme« etwas nicht. Dies ist im wahrsten Sinne des Wortes so, wird aber meist nicht registriert. Unnötigerweise beurteilt man den Wortinhalt oder das zur Diskussion stehende Produkt dann negativ. Machen Sie sich daher selbst bewußt, ob Ihre Stimme irgendeine Besonderheit aufweist: Sprechen Sie schneller oder langsamer als andere? Lauter oder leiser? Das Wissen um die Wirkung Ihrer Stimme hilft Ihnen, sich auf Gesprächspartner mit einem anderen Sprechrhythmus sensibel einzustellen, indem Sie diesen Menschen in Tempo und Lautstärke etwas entgegenkommen.

Menschen verschiedener Kulturkreise haben häufig eine recht unterschiedliche Auffassung vom richtigen Maß der Nähe in der Kommunikation. So kann es sein, daß Sie stets instinktiv zurückweichen, wenn Ihnen jemand »auf die Pelle rückt«. Das macht die Situation aber nur schlimmer, da jetzt derjenige, der eine größere Nähe für richtig hält, alles dafür tut, die Entfernung wieder zu verringern.

Eine Unternehmerin bat uns zu einer Teamsupervision. Obwohl sie sehr überzeugend auftrat und eine natürliche Autorität ausstrahlte, hatte sie stets das Gefühl, bei ihren männlichen Mitarbeitern nicht *anzukommen*. Sie gab sich in einer Besprechung große Mühe, den Mitarbeitern ein bestimmtes Thema zu erläutern. Die Kommunikationspartner saßen alle zurückgelehnt in ihren Stühlen. Die besagte Frau erklärte ihr Anliegen, indem sie sich sitzend nach vorn lehnte und lebhaft sprach. Wir baten sie nach der Sitzung, sich beim nächsten Treffen ebenfalls im Stuhl zurückzulehnen und langsamer zu sprechen. Schon nach kurzer Zeit raffte sich einer der Gesprächspartner aus seinem Stuhl auf, beugte sich nach vorn und fing an, etwas lebhafter zu reagieren. Bald darauf zogen die anderen mit. Jetzt beugte sich die Unternehmerin wieder nach vorn und konnte von da an den Rapport spielend halten.

Ein weiterer Weg, Rapport zu etablieren, führt über die Angleichung des Sprachniveaus an das des Gesprächspartners. Achten Sie darauf, ob Ihr Gegenüber einen restringierten oder einen elaborierten Sprachcode benutzt. Auch gebildete Menschen benutzen in bestimmten Situationen einen restringierten Code, indem sie einen Dialekt sprechen oder auf die Umgangssprache zurückgreifen.

Sagt zu Ihnen jemand: »Das ist ein starkes Auto«, dann antworten Sie bitte nicht betont vornehm. Gehen Sie auf die gewählte Sprache des anderen ein. Ein Hamburger Seminarteilnehmer erzählte uns, er verstünde sich wunderbar mit einem Münchner Kunden. Wenn die beiden sich treffen, sprechen sie kein Hochdeutsch, sondern der eine bayrisch und der andere missingsch, eine Form des Plattdeutschen. Beide fühlen sich pudelwohl dabei.

Wenn Sie Ihre Stimme in Tonalität, Melodie, Rhythmus, Lautstärke und Tempo an Ihren Gesprächspartner anpassen sowie die Kopfbewegungen, die Körperhaltung, Atemfrequenz und Gestik des Gegenübers andeutungsweise nachahmen, dann sprechen wir von *Matchen.*

Wir nennen den Small talk im *Coach Yourself* auch den Rapport-Talk, da Gespräche über das Wetter, Hobbys oder die Familie hervorragend zum Aufbau von Rapport geeignet sind. »Matchen« Sie Ihren Gesprächspartner. Benutzen Sie dasselbe Repräsentationssystem, sprechen Sie in seinem Atemrhythmus, und kopieren Sie auch seine Körperhaltung. Selbstverständlich sollen Sie nicht vor dem Gegenüber ein »Ballett« aufführen. Es reicht durchaus, dem Trend des anderen zu folgen.

Es empfiehlt sich, erst mit wichtigen Verhandlungen und Gesprächen zu beginnen, wenn der Rapport sichergestellt ist. Sie erkennen Rapport daran, daß sich alle an der Kommunikation beteiligten Personen gleich verhalten: gemeinsames Lachen, gleichzeitiges Wechseln der Sitzhaltung und vieles mehr. Sie können den Rapport testen, indem Sie sich selbst wie zufällig an der Nase kratzen, einen Arm heben oder sich vor- und zurücklehnen. Folgt der andere Ihren nonverbalen Signalen, sind Sie sich der guten »Wellenlänge« sicher.

Das bewußte Aufnehmen von Rapport nennen wir *Pacen,* was soviel wie »im Schritt mitgehen« bedeutet. Hierzu gehört auch, nebem dem Matchen, das Sprechen über bestimmte Inhalte – wie Interessen oder Sorgen des Gegenübers. Wenn durch gezieltes Pacen der gute Rapport etabliert wurde, können Sie in der Kommunikation in die Phase des *Leadens* übergehen: Sie dürfen wieder Ihrer »natürlichen Art« freien Lauf lassen. Der Kommunikationspartner wird Ihnen auf der Basis des Rapports folgen, und es wird sich im weiteren Verlauf unbewußt ein Kompromiß im Kommunikationsstil ergeben. So ersparen Sie sich ein nervenaufreibendes »Powerplay« der individuell unterschiedlich sozialisierten Kommunikationspartner.

Bei Verhandlungen mit Gruppen können Sie den Rapport so einsetzen, daß Sie zu allen Beteiligten eine positive Wellenlänge herstellen. Am wichtigsten in der Gruppe sind nicht die Menschen, die Ihnen auf Anhieb sympathisch sind, sondern die, zu denen sich spontan kein Rapport einstellt. Während Sie dann mit dem einen sprechen, können Sie über die Körperhaltung die anderen aus der Gesprächsgruppe matchen. So haben diese ebenfalls das Gefühl, mit Ihnen in einem positiven Kontakt zu stehen.

Ein Coaching-Klient bereitete sich auf eine Bewerbungsphase vor, innerhalb derer er mit vier verschiedenen Managern des Unternehmens hintereinander Testgespräche führen sollte. Er berichtete nach dem erfolgreichen Verlauf dieser Gespräche, bei jedem einzelnen eine ganz andere Rapporttechnik benutzt zu haben. Bei dem einen lehnte er sich zurück, bei dem nächsten stützte er sich auf den Schreibtisch, kam dem Gesprächspartner entgegen; bei der nächsten Dame bemühte er sich, entgegen seines natürlichen Sprechtempos, sehr schnell zu sprechen.

»Das Erlebnis mit der Unterschiedlichkeit der Gesprächspartner hat mich fast mehr fasziniert als der neue Job«, sagte er später. Zwei Mitarbeiter einer Werbeagentur teilen es sich während der Präsentation vor einer großen Gruppe jeweils auf, wer zu wem aus der Gruppe Rapport hält. Sie sind mittlerweile so versiert in der Wahrnehmung, daß sie sich ohne Worte verständigen können. Auch vor den kritischsten »Nörglern« verlaufen die Präsentationen wesentlich erfolgreicher als noch vor dem *Coach-Yourself-* Training.

Die Fähigkeit, Rapport zu den verschiedensten Menschen bewußt herzustellen, zählt zum Qualitätsmerkmal »Flexibilität« im Persönlichkeitspentagramm. Sie können nach einem gelungenen Austausch mit anderen Menschen immer wieder Ihren persönlichen Stil kultivieren, Sie sollten ihn jedoch in der Kommunikation nie zu einer starren Mauer zwischen sich und anderen werden lassen.

Rapport hat den besonderen Vorteil, die Merkfähigkeit der beteiligten Menschen für die gesprochenen Inhalte zu erhöhen. Bei einem etablierten Rapport müssen Sie sich kaum anstrengen, Ihre Botschaft zu versenden. Der andere steht schon bereit, sie aufzufangen. Die Menschen im guten Rapport sind sehr verzeihlich gestimmt. Sprechen Sie peinlicherweise den Gesprächspartner mit falschem Namen an, ist dieser geneigt zu antworten: »Ach, das macht doch gar nichts!« Bei mangelndem Rapport wird Ihnen so etwas sofort als übler Fauxpas ausgelegt.

Nun können Sie auch ermessen, warum wir beim Selbstmanagement so viel Wert darauf legen, daß Sie Ihre Persönlichkeitsteile in einem angemessenen Tonfall ansprechen und die Stimme Ihres inneren Mentors pflegen. Denn auch zu sich selbst müssen Sie Rapport herstellen, wenn Ihre Persönlichkeitsteile Ihren Willen in die Tat umsetzen sollen.

Sehen Sie sich die folgende Auflistung der möglichen Beobachtungen an, die Sie in der Kommunikation mit anderen Menschen machen können.

Nonverbale Ausdrucksmöglichkeiten in der zwischenmenschlichen Kommunikation

Atmung
– Frequenz (Häufigkeit)
– Amplitude (Tiefe)

Muskeltonus
– Mimik
– bestimmte Körperregionen (z. B. Schulterpartie)

Puls
– Frequenz
– Amplitude

Pupillen

Körperhaltung
– Körpersymmetrie

Körperbewegung
– idiomotorische Bewegungen wie Nicken, Fußwippen, Daumenwackeln

Stimme
– Sprechtempo
– Satzmelodie
– Tonhöhe

Kennzeichen eines guten Rapports

Gleichzeitiges Lachen über dieselben Inhalte

Körperballett
– gleiche Körperhaltung
– gleichzeitiges Wechseln der Körperhaltung

Übereinstimmende Gestaltung von räumlicher Nähe und Distanz

Impuls, in gleicher Augenhöhe zu kommunizieren

Gemeinsam benutzte Repräsentationssysteme (Sinneskanäle) in der Sprache

Ähnliche Art zu sprechen
– elaborierter oder restringierter Code
– gemeinsames Sprechtempo

Hohe Merkfähigkeit der besprochenen Inhalte

Versöhnlicher Umgang mit »Schnitzern«
– falsch ausgesprochener Name

Achtung!
Die Verfolgung der Erfolgreichen

Sie wissen nun Ihre innere Harmonie zu fördern und mit anderen Menschen eine positive Wellenlänge herzustellen. Jetzt ist zu erwarten, daß die anderen auf Ihre persönliche Ausstrahlung reagieren und alles nur noch erfreulich ist.

Genau das dachte auch ein Abteilungsleiter eines großen Elektronikkonzerns, als er die belebenden Auswirkungen unseres Trainings am eigenen Leib spürte. Er kam zunächst ernst und mit grauer Gesichtsfarbe zu den Sitzungen, »blühte« dann aber tatsächlich zusehends auf. Er hatte Freude an sich selbst gefunden und fand es faszinierend, von seinen Persönlichkeitsteilen Antworten auf seine Probleme zu erhalten. Antworten, die er zuvor stets außerhalb des eigenen Ichs gesucht hatte. Er sprudelte nach einer Zeit wieder über vor innovativen Ideen für seine Arbeit. Die Familie freute sich über seine Veränderung, wir freuten uns, er freute sich.

Aber nicht alle freuten sich mit ihm. Eines Tages buchte er erneut eine Coaching-Sitzung und kam mit folgendem Thema: Er hatte eine für ihn unverständliche persönliche »Abfuhr« eines Kollegen hinnehmen müssen. Wir fanden heraus, daß er zuvor über seinen Streß mit diesem Mann stets einen sehr guten Rapport hatte. Beide konnten sich über das Übermaß an Arbeit und andere schwierige Aufgaben und Pflichten im Leben stets gut unterhalten. Unser Klient war mit seinem gelösten Auftreten ganz einfach aus dem alten Rapport ausgestiegen. Dabei wirkte dieser Mann nicht etwa übertrieben oder aufdringlich entspannt.

Nun kann man sich natürlich fragen, warum sein Kollege nicht auf ihn zukam und ihn auf sein offensichtliches Wohlbefinden ansprach. Er hätte sich doch schließlich auch für ihn freuen können. Statt dessen wurde er immer wortkarger im Umgang. »Es ist fast so, als wäre er sauer auf meine Fortschritte.«

Unser Klient hat den Neid des Kollegen zu spüren bekommen. Dabei war der Auslöser zu diesem Zeitpunkt noch nicht einmal die berufliche Konkurrenz, sondern nur eine Steigerung in der positiven Ausstrahlung. (Der berufliche Aufstieg folgte später in einem anderen Unternehmen.)

Nicht nur dieser Mann, sondern jeder Mensch, der sich weiterentwickelt, der ein Ziel erreicht oder dem es einfach nur bessergeht als zuvor, muß mit dem Neid anderer rechnen. Dabei kommt die Mißgunst oft von Menschen, von denen man sie nie erwartet hätte. Die meisten Menschen sind völlig überrascht, bei Erfolg Ablehnung zu erleben. Dementsprechend schlecht sind sie auf diese Situation vorbereitet. Machen Sie sich bewußt, daß ein wahrer Freund, der Sie wirklich mag, allen Grund hat, sich mit Ihnen über Ihren Erfolg und Ihre Fortschritte zu freuen. Überprüfen Sie für sich, ob Kritik und Kommentare zu Ihren Erfolgen von Ihren Mitmenschen wirklich gut gemeint sind. »Bist du dir auch ganz sicher, nach Paris zu gehen? Also ich würde das meiner Familie nicht zumuten.« Auf diese Art und Weise kann Ihnen der Spaß am Erfolg schon verdorben werden.

Sogar Eheleute können oft den Erfolg des Partners nur zähneknirschend verkraften. Die Erklärung hierfür ist, daß sich eigentlich jeder Mensch Erfolg wünscht. Solange Sie den Erfolg nicht haben, übt das auf Menschen mit unerfüllten Wünschen eine gewisse Beruhigung aus. Schon wenn Sie nur glücklich wirken oder das Rauchen aufgegeben haben, präsentieren Sie anderen Menschen Erfolg. Sie werden so zum »Mahnmal« des Mißerfolges anderer, denn Sie leben Ihren Mitmenschen vor, daß man Ziele erreichen kann. Auf diese Weise können Sie andere mit Erfolg unabsichtlich verletzen, da Sie sie schmerzlich daran erinnern, ihre Ziele noch nicht erreicht zu haben.

Der Erfolgreiche begibt sich in den Augen anderer Menschen auf ein höheres Level. Dieser Abstand wird als störend erlebt, vor allem dann, wenn Erfolglosigkeit die Beziehung zuvor zusammengeschweißt hat. Auch fremden Menschen können Sie ein Dorn im Auge werden.

Nun gibt es zwei Möglichkeiten, auf einen erfolgreichen Menschen zu reagieren. Die erste Möglichkeit besteht in dem Versuch, denjenigen wieder auf das niedrigere Level hinunterzuziehen. So haben die weniger Erfolgreichen keine Veranlassung mehr, selbstkritisch darüber nachzudenken, weshalb sie ihre Ziele nicht erreichen. Die zweite Möglichkeit ist das Interesse, hinter das Geheimnis des Aufstiegs zu kommen. Es gibt also Menschen, die nicht mit Neid und Abwehr, sondern mit Offenheit auf den Erfolg anderer reagieren. Sie begeben sich in der Regel in die Nähe des Erfolgreichen und versuchen, von ihm zu lernen. Solche Menschen sind wesentlich sympathischer als die Neider, denn sie lassen den Status der anderen unberührt und versuchen, dasselbe Level zu erreichen. Reagiert der Erfolgreiche nun nicht mit Angst, hat er alle Chancen, im Erfolg Gesellschaft zu haben und nicht zu vereinsamen. Konzentrieren Sie sich also auf Menschen, die gut mit Ihrem Erfolg leben können.

Die Neider hingegen sollten Sie enttarnen und sich im Zweifelsfall sogar von ihnen distanzieren. Sie rauben Ihnen zuviel Energie. Einen gewissen Schutz vor Mißgunst bietet die Rapporttechnik. Sie bewahrt Sie davor, den Eifersüchtigen anzustrahlen und so den Neid zu provozieren. Einen weiteren Schutz bietet Ihnen die nun folgende Übung.

Sollten Sie selbst einmal Neid spüren, bedanken Sie sich bei Ihrem Unbewußten für dieses Signal. Wie Sie erfolgreiche Strategien anderer übernehmen können, erklären wir im nächsten Kapitel.

Übung: Schutz vor dem Neid

Sie kennen den Begriff »Aura«. Nach fernöstlichem Verständnis ist eine Aura ein Energiebereich, der den menschlichen Körper umgibt. In unserer Kultur sprechen wir von der Ausstrahlung eines Menschen.

① Stellen Sie sich vor, von einer schützenden Aura umgeben zu sein. Sie könnte ein Licht in einer bestimmten Farbe oder ein fiktiver Umhang sein.

② Machen Sie sich bewußt, welche Vorteile eine Aura im Vergleich zu einer »inneren Mauer« hat. Positive Energien werden von der Aura zu Ihnen durchgelassen, negative Einflüsse wie von einem elektrischen Feld abgestoßen.

③ Suchen Sie sich einen Anker, der Sie im Alltagskontext schnell an Ihre Aura erinnern kann.

Hinweise zur Übung:

• Versehen Sie Ihren Badezimmerspiegel mit einem kleinen Aufkleber, der Sie schon am frühen Morgen beim Zähneputzen daran erinnert, die Aura »anzuziehen«.

• Diese ganz einfache Übung hat gemäß der Aussagen unserer Klienten für die persönliche Selbstsicherheit einen erstaunlich positiven Effekt.

Wie kann ich erfolgreiche Strategien übernehmen?

Viele unserer Fähigkeiten haben wir uns von Kind an durch das sogenannte *Modellernen* angeeignet. Denken Sie an all die Selbstverständlichkeiten wie die Muttersprache, das Essen oder den aufrechten Gang. Im späteren Entwicklungsverlauf begeben sich Kinder durch das Rollenspiel (Vater, Mutter, Kind, Westernheld oder Prinzessin) gezielt in die Physiologien bestimmter Modelle hinein. Sie eignen sich so deren Verhaltens- und Befindlichkeitsprogramme an.

Sicher haben Sie schon einmal beobachtet, wie auch ein erwachsener Mensch von einem anderen etwas »annimmt« – beispielsweise eine Gangart, eine bestimmte Art zu lächeln oder einen Dialekt. Das Modellernen erfolgt in der Regel intuitiv und unbewußt. Die Fähigkeit, sich von einem anderen Menschen »eine Scheibe abzuschneiden«, ist von Kindesbeinen an ausgeprägt.

Bedenken Sie einmal die Vielzahl der Modelle, die Ihnen im Laufe Ihres Lebens begegnet sind. Hierzu zählen nicht nur Menschen wie die Eltern, Geschwister, Freunde, Kollegen oder Nachbarn, sondern auch Romanfiguren, Persönlichkeiten des öffentlichen Lebens, Schauspieler oder Stars. Wenn Sie nun überschlagen, wie viele mögliche Modelle Sie internal »gespeichert« haben, ohne diesen »Input« für sich zu verwerten, bekommen Sie einen Eindruck davon, was »ungenutzte Potentiale« eines Menschen sind.

In den Vereinigten Staaten wurde bereits in den sechziger Jahren das sogenannte »Master-Modelling« für das Verkaufstraining entwickelt. Das Prinzip ist eigentlich ganz einfach: Besonders gute Verkäufer wurden auf ihr »Erfolgsverhalten« hin beobachtet. Meistens leisteten diese Menschen intuitiv hervorragende Arbeit und konnten die Frage nach ihrem Erfolgsrezept nicht bewußt beantworten.

Es ist relativ einfach, über das Lernen am Modell seine eigenen Möglichkeiten zu entfalten. Auch unsere Sprache weist schon auf das Spektrum hin. So können wir »mit den Augen des anderen sehen«, uns »in jemanden hineinversetzen«, uns »von jemandem eine Scheibe abschneiden« oder »von jemandem etwas annehmen«. Dabei geht es wirklich nur darum, von einem anderen Menschen etwas über dessen Erfolgsstrategien zu lernen, nicht aber der andere zu werden.

Einer unserer Klienten ist von Beruf Ingenieur. Wie so viele Vertreter seines Berufsstandes befand er sich von heute auf morgen in einer Führungsposition. Dieser Ingenieur hatte sein Studienfach aus technischem und erfinderischem Interesse heraus gewählt und nicht, weil er davon träumte, viel mit Menschen zu tun zu haben. Als Führungskraft wirkte er still und schüchtern. Das wurde natürlich sofort von den Mitarbeitern bemerkt und ausgenutzt.

Auf die Frage, ob er jemanden kenne, der so sei, wie er gern an seinem Arbeitsplatz wirken möchte, reagierte er zunächst zurückhaltend. Dann entschied er sich für Humphrey Bogart. Tatsächlich war

Bogart für ihn ein wirklich gut gewähltes Modell, denn man kennt ihn aus seinen Filmen ja eher schweigsam, aber dennoch eine überzeugende Autorität ausstrahlend.

Beim Test konnte er bestimmte Szenen mit Humphrey Bogart sehr gut innerlich reproduzieren. Dann baten wir ihn, sein Modell gedanklich an seinen Arbeitsplatz zu schicken. Auf unsere Anleitung hin ließ er in seiner Vorstellung Humphrey Bogart mit jedem einzelnen ihm unterstellten Mitarbeiter reden. Er sollte beobachten, was genau das Vorbildhafte an Bogart war. Dem Klienten fielen drei Dinge auf: die leicht zusammengekniffenen Augen, das lässige Anlehnen an Tische und Wände sowie das lockere Standbein-Spielbein-Stehen mit einer Hand in der Hosentasche.

Wir übten dann vor dem Spiegel diese Merkmale in Haltung und Mimik ein, bis sie für seine Person völlig authentisch wirkten. Besonders wirkungsvoll war die neue Art, andere anzusehen. Zuvor hatte er seine Augen immer weit geöffnet, das leiche Zusammenkneifen wirkte dagegen undurchdringlich, ja richtig »markig«. Von nun an nahm unser Klient Humphrey mit zur Arbeit. Schon nach kurzer Zeit konnte er bei den Kollegen einen Zuwachs an Respekt für sich verbuchen.

Übung: Das Master-Modelling

1. Bestimmen Sie eine persönliche Problemsituation.
2. Gibt es eine Fähigkeit, die Sie in dieser Situation gerne hätten und die Ihnen bisher nicht zur Verfügung stand? Bitte benennen Sie diese fehlende Ressource.
3. Kennen Sie ein Modell, das diese Fähigkeit besitzt?
4. Denken Sie an dieses Modell in allen Einzelheiten. Drehen Sie innerlich einen Film: Wie würde sich dieser Mensch in Ihrer Problemsituation verhalten, und wie würde er wirken? Beobachten Sie Ihr Modell aus verschiedenen Perspektiven. Nehmen Sie wahr, welche Eigenschaften in Mimik, Gestik und Sprache diese besondere Fähigkeit des Modells unterstreichen.
5. Wenn Sie sich das Modell von vorn vorstellen: Gehen Sie vom Standpunkt eines außenstehenden Beobachters in Gedanken um den Menschen herum, bis Sie ihn von hinten wahrnehmen. Gehen Sie immer näher an ihn heran.

180

⑥ Assoziieren Sie sich, bis Sie »mit den Augen des anderen sehen«. Was und wie sehen Sie die Situation jetzt?
Was und wie hören Sie?
Wie ist das Körpergefühl in dieser Situation?
Gibt es einen Geruch oder Geschmack, der Ihnen aus dieser Perspektive besonders auffällt?

⑦ Halten Sie für sich ein oder zwei ganz markante Merkmale, also Anker, fest.

⑧ Sie lösen sich wieder aus dem Modell und nehmen den Anker mit sich.

⑨ Sie denken daran, wenn Sie das nächste Mal in eine ähnliche Problemsituation kommen, und testen innerlich den gefundenen Anker und andere beobachtete Eigenschaften. Erleben Sie, wie Sie die Situation jetzt mit den neuen Verhaltensmöglichkeiten meistern.

Hinweis zur Übung:
• Wenn Sie allein sind, probieren Sie ruhig auch vor dem Spiegel.

Motivation durch die Möglichkeiten der nonverbalen Kommunikation

Unter dem Stichwort *Rapport* haben Sie bereits einen Einblick in die Bedeutung der nonverbalen Kommunikation im zwischenmenschlichen Kontakt bekommen. Sie können mit nonverbalen Mitteln auch die Motivation Ihrer Mitarbeiter und Kunden steigern.

Dabei besteht Ihre Aufgabe darin, sich im Laufe der Zusammenarbeit für die individuellen *Physiologien* Ihres Mitarbeiters oder Kunden zu sensibilisieren. Für die Motivation sind zwei Physiologien wichtig:

1. Die »Zustimmungs-« oder »Begeisterungsphysiologie«. Sie wird im Fachjargon auch *Yes-State* genannt. Ihr Kommunikationspartner zeigt diese Physiologie, indem er von einer Sache spricht, die

seine Zustimmung findet oder ihn begeistert, wie beispielsweise ein Kinofilm, ein Auto oder ein tolles Restaurant.

2. Die »Zweifel-« oder »Ablehnungsphysiologie«, der *No-State*. Auch hier bekommen Sie Ihre Information über einen Menschen, indem er über Inhalte spricht, die seine Skepsis oder Ablehnung zum Ausdruck bringen.

Ein Geschäftsführer eines großen Unternehmens hatte einen sehr wichtigen Kunden, der schwer zu handhaben war. Nach der ersten Coaching-Sitzung entließen wir ihn mit der Aufgabe, beim nächsten Treffen auf die nonverbalen Anzeichen des Yes- und No-States seines Kunden zu achten. Wir machten den Geschäftsführer mit der Liste der nonverbalen Ausdrucksmöglichkeiten auf Seite 174 bis 175 vertraut.

Dadurch geriet unser Klient nicht ins »Schwimmen«, als der Kunde sich wie gewohnt ablehnend zeigte. Er hatte ja die Aufgabe, ihn ganz genau zu beobachten. Hierbei entdeckte er deutliche Unterschiede. Beispielsweise setzte besagter Kunde im No-State stets seine Brille auf und ab und spielte mit ihr herum, während er im Yes-State, im Begeisterungszustand, das Gegenüber durch die Brille anstrahlte, ohne auch nur den geringsten Impuls, sie zu berühren.

Während solcher Verhandlungen ist Ihnen die Kenntnis der unterschiedlichen Physiologien des Mitarbeiters oder Kunden eine entscheidende Hilfe. Es kann sein, daß Ihr Verhandlungspartner einen Tag hat, an dem er ohnehin schon im No-State ist, weil er mit dem »linken Bein« aufgestanden ist. Sie können ihm dann präsentieren, was Sie wollen, er wird einfach nicht mit der erforderlichen Offenheit oder Bejahung an die Aufgabe herangehen. Sicherlich wird er verbal Bereitwilligkeit und Zuversicht ausdrücken; Sie können jedoch an der Physiologie deutlich erkennen, wie es wirklich um ihn bestellt ist.

Lassen Sie deshalb einen Mitarbeiter erst an die Aufgabe gehen, wenn er sie im Yes-State aufgenommen hat, und machen Sie dem Kunden erst Ihr Angebot, wenn er sich im Yes-State befindet!

Natürlich sparen Sie viel Energie, wenn Sie selbst in der Lage sind, den Yes-State durch die Kommunikation hervorzurufen. Deshalb sollten Sie die oben genannten Physiologien auf jeden Fall selbst *ankern* und somit auslösen können. Hierzu eignen sich vor allem nonverbale Anker wie Körper- oder Kopfbewegungen, aber auch elegant in das Gespräch eingestreute Anker wie bestimmte Worte, auf die der Kommunikationspartner Ihrer Erfahrung nach mit dem Yes-State reagiert.

Für unseren Geschäftsführer bot sich eine einfache Möglichkeit des Ankerns. Ebenfalls Brillenträger, schlugen wir ihm vor, während des No-States seines Kunden auch mit der Brille zu hantieren, statt darauf zu warten, daß dieser seine Brille aufsetzt. Beim Yes-State seines Gegenübers behielt auch er seine Brille auf. Die Ankertechnik wirkt dann so: Das Unbewußte des Gegenübers verknüpft die eigene Physiologie mit den Bewegungen des Ankernden zu einer Assoziationskette. Daher kann die Bewegung beim Kommunikationspartner schon unbewußt die Physiologie auslösen.

Unser Klient wandte dann eine Mischung aus Anker- und Rapporttechnik an. War der Kunde im No-State, spielte er auch mit seiner Brille, setzte sie dann nachdrücklich auf und legte die Hände auf den Tisch oder die Beine. Sofort befingerte auch der Kunde seine eigene Brille viel weniger. Nach einiger Zeit setzte er sie auf, sah den Kommunikationspartner an und geriet wie von selbst in seinen Yes-Stayte. Erst dann begann unser Klient die ernsthaften Verhandlungen.

Wenn das Gegenüber im No-state ist, sollten Sie sich mit einem Kommunikations-*Separator* helfen: Durch einen überraschenden Wechsel zu einem anderen Gesprächsthema oder eine andere Intervention, wie beispielsweise der Wechsel des Gesprächsortes, können Sie die Stimmungslage vorübergehend »neutralisieren« und dann den Yes-State leichter auslösen.

Auch das Ankern des No-States ist von Bedeutung, wenn der Kommunikationspartner allzu begeistert oder überzeugt von einer Sache ist, die wiederum Ihre wohlbegründete Zustimmung nicht findet.

Nur wenn Ankertechniken in einem Rahmen der Menschlichkeit (Pentagramm!) stattfinden, werden sich die Kommunikationspartner auch langfristig gerne an den Kontakt erinnern!

Machen Sie sich bewußt: Es gibt *keine zwischenmenschliche Kommunikation, in der nicht manipuliert würde.* Deshalb ist es wichtig, daß Sie als Führungskraft die Manipulation nicht dem Zufall überlassen, sondern für Ihre Einflußmöglichkeiten auf andere Menschen *bewußt die Verantwortung* übernehmen.

Der Geschäftsführer aus unserem Beispiel war sich im Kundenkontakt stets der guten Produktqualität seines Unternehmens sicher. Sollten Sie dagegen die hier besprochenen Kommunikationstechniken dazu benutzen, einen anderen Menschen zu etwas zu bringen, womit er hinterher unzufrieden ist, schnappt die *Zukunftsfalle* zu – der vielgefürchtete »postdecisional regret«, also das nachträgliche Bedauern der getroffenen Entscheidung. Das macht jeden Gesprächserfolg zunichte, wenn Ihr Kommunikationspartner mit sich allein ist.

Übung:
Motivation durch nonverbale Kommunikation

(1) Sie entscheiden sich innerlich für einen Kunden oder Mitarbeiter, mit dem Sie diese Technik erproben wollen.

(2) *Phase A:* Sie ist eine reine Beobachtungsphase. Sie nutzen verschiedene Situationen und Small talks, um bei dem Kommunikationspartner den *Yes-State* und den *No-State* erkennen zu können. Reden Sie gezielt mit ihm über Themen, an denen Sie seine positive und negative Reaktion beobachten können.

(3) Überlegen Sie für sich selbst zwei Anker, die Sie unauffällig einsetzen: einen für den Yes-State, einen für den No-State. Dies können Bewegungen sein, Gesten mit der Hand oder bestimmte Worte, die an die Yes- und No-State-Themen erinnern.

(4) *Phase B:* Setzen Sie jetzt die Anker über einen längeren Zeitraum jeweils beim Yes- und No-State ein.

(5) *Phase C:* Setzen Sie jetzt die Anker gezielt zur nonverbalen Motivation ein. Denken Sie dabei auch an die Rapporttechnik.

Hinweis zur Übung

- Sie werden bei der Beschäftigung mit dieser Ankertechnik feststellen, daß Sie oft auch intuitiv Ihre Gesprächspartner in den
Yes-State bringen, indem sie beispielsweise ganz einfach über
Hobbys mit ihnen sprechen. Diese Technik ist daher nur für
schwierige Kommunikationspartner gedacht.

Umgangshilfen mit problematischen Kommunikationspartnern

»Seitdem ich Personalleiter bin, habe ich Angst, in großen Gruppen
zu sprechen«, beklagte sich ein Klient. Vorher habe er das Problem
nicht gehabt. Er konnte auch nach wie vor frei und selbstsicher Personal auswählen, Personalgespräche führen und mit Vertretern des
Betriebsrates diskutieren.
Wir fragten, ob seine für ihn unerklärlichen Ängste etwas mit einer
ganz bestimmten Gruppe von Menschen zu tun habe. Er berichtete,
seit dem Antritt der neuen Position auch zu Vorstandssitzungen ein-
geladen zu werden und dort mit der Befürchtung zu sitzen, einen
roten Kopf zu bekommen. Soll er vortragen, muß er um seine
sprachliche Sicherheit ringen, und seine größte Angst ist es, daß er
anfängt zu stottern. Realistisch eingeschätzt, bräuchte er den Vor-
standsmitgliedern gegenüber keine Befürchtungen haben, denn
man ist bisher mit seiner Arbeit und seinen Berichten zufrieden.
Wir baten ihn, die Augen zu schließen und sich an die Vorstandsrun-
de zu erinnern. Dann sollte er sich jeden einzelnen Teilnehmer vorstellen und in Gedanken genau wahrnehmen. »Macht *der* Ihnen
angst?« fragten wir jedesmal. Zu seiner eigenen Überraschung
mußte er sechsmal hintereinander die Frage mit »Nein, eigentlich
nicht« beantworten. Das Symptom »Gruppenangst« verringerte
sich schon einmal. Als er sich den siebten Mann der Runde vorstell-
te, zeigte er plötzlich eine deutliche Verunsicherung in der Mimik
und im Tonfall. »Der macht mir Probleme«, sagte er.
Wir raten Ihnen, im Umgang mit einer überschaubaren Gruppe
immer so zu verfahren. Betrachten Sie die anwesenden Personen
einzeln hinsichtlich ihrer Auswirkung auf Ihr persönliches Wohlbe-

finden. So ersparen Sie sich die Angst, mit einer ganzen Gruppe Probleme zu haben. Sie können mit dieser Technik in der Regel Ihre Verunsicherung auf einen oder zwei Menschen reduzieren, was Sie bereits ungemein erleichtert. Diese Verfahrensweise ist natürlich auf eine Gruppe bis zu etwa zwanzig Personen begrenzt. Benutzen Sie sie bei Verhandlungen, Prüfungen, Präsentationen und anderen Sitzungen im Berufsalltag.

Nachdem wir mit dem Personalleiter den »siebten Mann« als Verunsicherungsfaktor ausfindig gemacht hatten, baten wir ihn, diesen Mann mit der »internalen Lupe« zu überprüfen: »Wie ist seine Frisur, wirkt die beängstigend? Wie reagieren Sie auf die Augenpartie, die Nase, die Mundpartie, seine Gestalt, die Gesten, seine Sprache und den Tonfall?« Man konnte deutlich beobachten, wie der Klient bei dem Stichwort Augenpartie sichtlich in sich zusammensank. Bei allen anderen Details blieb er gelassen. Wir überprüften, ob er eine derartige Augenpartie schon einmal bei einem anderen Menschen in seinem Leben kennengelernt habe. Ihm fiel sofort sein älterer Bruder ein, dessen Augenpartie mit der Augenpartie dieses Mannes identisch war. Zu seinem älteren Bruder hatte er kein gutes Verhältnis, denn dieser hatte ihn in der Kindheit und Jugend stets unterdrückt.

Unser Klient fürchtete unbewußt ein abschätziges, kritisches Verhalten des »siebten Mannes« – obgleich er noch nie von ihm ein ablehnendes Wort gehört hatte. Mit unserer Hilfe suchte er sich ein Merkmal, das ihm zeigte, dieser Mann könne nie im Leben sein Bruder sein. Bei diesem Merkmal handelte es sich um eine Mundart des besagten Vorstandsmitglieds. Sowie unser Klient ihn heute auch nur einen Satz sprechen hört, verschwindet seine Angst vor der Gruppe schlagartig.

Die Augenpartie war für den Personalleiter ein unbewußter Anker für negative Kindheitserlebnisse gewesen, die ihn schlagartig in die entsprechende Verfassung »hineinhypnotisierte«. Der Anker machte alle positiven Erfahrungen mit der Gruppe unmöglich. Seltsamerweise neigen wir Menschen dazu, negativ besetzte Anker in unserer Wahrnehmung überzubewerten. So kann es schnell zu voreiligen Ängsten kommen, die mit dem Menschen vor uns gar nichts zu tun haben.

Besonders nachhaltig wirkt die beschriebene Technik bei Menschen, die Ihnen nicht wohlgesonnen sind. Gerade hier müssen Sie sich sofort einen neutralisierenden Anker suchen. Ein Arzt, der sich mit Vertretern der Kassenärztlichen Vereinigung vor Gericht auseinandersetzen sollte, hatte Angst, sich zu unüberlegten Äußerungen hinreißen zu lassen. Auch hier fanden wir heraus, daß es einen Mann gab, auf den er besonders »allergisch« reagierte. Beim Suchen eines Ankers fiel ihm auf, noch nie bewußt die überdurchschnittlich großen Ohren seines Kontrahenten registriert zu haben. Schon beim Gedanken daran mußte er lachen. Bei der Verhandlung blieb er souverän und gelassen. Später schickte er uns sogar ein Bild von seinem »Ohren-Gegner« mit dem Kommentar: »Sagen Sie selbst, sieht er nicht aus wie ein Troll?«

Die neutralisierende Ankertechnik ist im Grunde nichts anderes als der altbewährte Tip, den man Kindern mit auf den Weg gibt: »Hast du Angst vor dem Lehrer, stell ihn dir in langen Unterhosen und einer Nachtmütze auf dem Kopf vor.« Selbstverständlich geht es nicht darum, das Gegenüber in der Öffentlichkeit zu entwürdigen. Sie sollten schon den äußeren Anschein wahren. Wenn Sie jedoch innerlich schmunzeln können, ermöglichen Sie bei sich einen psychophysiologischen Zustand, in dem Sie viele Ideen haben und von der Grundhaltung her gelassen bleiben. Diese Verfassung garantiert Ihnen einen kreativen Umgang mit unsympathischen Kommunikationspartnern. Weiterhin schützt Sie diese »Enthypnotisierung« vor ungerechtem Empfinden und Verhalten Personen gegenüber, die letztlich nichts gegen Sie haben.

Übung:
»Enthypnotisierung«

① Denken Sie an eine Person, die Ihnen unsympathisch ist, Sie einschüchtert, sie wütend macht oder in Ihnen ängstliches Unbehagen auslöst.

② Stellen Sie sich die Person X in Gedanken vor. Gehen Sie alle Details durch. Was ist »harmlos«, was »gefährlich« oder »unangenehm« – die Frisur, die Augenpartie, die Nase, die Mundpartie, die Gestalt, der Körper, die Art der Bewegung oder die Stimme bzw. der Tonfall?

③ Werten Sie die Wirkung der Anker aus. Was wirkte neutral oder gar witzig? Was löste die »Problemphysiologie« aus?

④ Wo in Ihrem Leben haben Sie schon einmal einen Menschen (Person Y) mit diesen Ankern bzw. negativen Merkmalen kennengelernt?

⑤ Welche positiven Anker bei Person X lassen Sie ganz *sicher sein*, daß es sich *niemals um Person Y handeln kann?* Suchen Sie sich den besten Anker heraus.

⑥ Gibt es vielleicht noch eine hilfreiche Phantasie, die Sie zum Schmunzeln bringt?

⑦ *Ankertest:* Denken Sie jetzt an die problematische Person X und achten dabei gezielt auf den »Enthypnotisierungsanker«.

⑧ Sie testen so lange, bis Sie mit einem sicheren Gefühl an Person X denken können.

Hinweise zur Übung:

- Selbstverständlich können Sie diese Übung auch wirksam durchlaufen, wenn Ihnen keine unangenehme Person Y aus der Vergangenheit einfällt.

- In der praktischen Anwendung sollen Sie natürlich nicht auffällig auf eine bestimmte Körperpartie wie beispielsweise die Nase starren, wenn Sie sich diese als »Enthypnotisierungsanker« ausgewählt haben. Es reicht die sogenannte periphere Wahrnehmung: Sie können den Anker aus den Augenwinkeln wahrnehmen, ohne den Blick unmittelbar darauf zu richten.

Der gezielte Einsatz der Sprache

Zum Bereich der Interaktion gehört der bewußte Einsatz der Sprache. Er hilft Ihnen, das Kommunikationsziel zu erreichen. Es gibt zahlreiche sprachliche Bilder, die unsere Wahrnehmung über die Sinneskanäle spiegeln. Vergegenwärtigen Sie sich hierzu noch einmal unsere Abkürzungen für die verschiedenen Sinnesmodalitäten:

V . . . visuell
A . . . auditiv
K . . . kinästhetisch (wie Körper)
O . . . olfaktorisch (riechen)
G . . . gustatorisch (schmecken)

Es kann also sein, daß ein Mensch es »schwer hat« (K). Ein anderer »sieht« die Sache aus einer ganz anderen »Perspektive« (V). Vielleicht schätzen Sie einen »harmonischen« (A) Feierabend und mögen keinen »Krach« (A) in der Familie haben. Ihr Nachbar könnte da einen ganz anderen »Geschmack« (G) haben und nimmt jeden »Mißklang« (A) auf die »leichte Schulter« (K). Dafür haben Sie aber beruflich einen besseren »Überblick« (V) und zusätzlich einen guten »Riecher« (O) für Marktlücken.

Bandler und Grinder haben festgestellt, daß gute Kommunikatoren sich in der Wortauswahl dem Sinneskanal des Gegenübers anpassen. Wenn also Ihr Mitarbeiter sich kinästhetisch ausdrückt und sagt: »Das wird nicht leicht sein«, sollten Sie nicht visuell antworten: »Sie müssen die Sache nur von der richtigen Seite sehen.« Bleiben Sie im gleichen »Kanal«, und antworten Sie: »Wir müssen das Projekt natürlich auch richtig anpacken.« Selbstverständlich werden im Gesprächsverlauf die Sinneskanäle oft gewechselt. Bei zentralen Sätzen in wichtigen Gesprächen sollten Sie jedoch bewußt auf Ihre sinnesspezifische Wortwahl achten. So fühlt sich der Kommunikationspartner in seinem Denken richtig verstanden.

Auf der folgenden Seite haben wir für Sie Antwortbeispiele aufgelistet, die den benutzten Sinneskanal Ihres Gesprächspartners berücksichtigen. Diese Beispiele zeigen Ihnen Reaktionsmöglichkeiten auf sinnesspezifische Sätze und sensibilisieren Sie für zielgerichtete Formulierungen.

Beispielliste

Das sind ja dunkle Aussichten.	Wir werden schon Licht in die Sache bringen!
Ich sehe schwarz.	Sie sind also an etwas Farbigem interessiert.
Das ist mir zu hoch.	Was passiert, wenn Sie es auf den Boden stellen?
Ich fühle mich ganz unten.	Betrachten Sie es von oben.
Das zieht mich so runter.	Was könnte Sie oben halten?
Ich frage mich, ob das so stimmt.	Aber diese Sache klingt doch richtig gut!
Das stinkt mir.	Aber irgendwie ist es doch ein ganz duftes Projekt.
Das ist nicht nach meinem Geschmack.	Haben Sie denn noch gar nicht wahrgenommen, daß die Sache auch eine Schokoladenseite hat?
Ich kann den Druck nicht mehr aushalten.	Nehmen Sie's auf die leichte Schulter.
Ich habe keinen Durchblick.	Wir werden Klarheit schaffen.
Ich will keinen Krach riskieren.	Vielleicht kommt die Lösung auf leisen Sohlen.
Das liegt mir schwer im Magen.	Leicht ist das sicher nicht zu verdauen.
Das läßt mich kalt.	Sie können sich also nicht für diese Sache erwärmen.

Hinweise zu diesen Beispielen:

- Die beiden letzten Antworten enthalten das Wort »nicht«. Erinnern Sie sich daran, daß das menschliche Gehirn eine Negation in der Kommunikation nicht entsprechend umsetzen kann. So erfüllen auch diese beiden Sätze den erwünschten Zieleffekt.
- Diese Aufzählung bietet Ihnen natürlich nur einen kleinen Ausschnitt aus den vielfältigen Formulierungsmöglichkeiten dieser Art. Sicher fällt Ihnen noch mehr dazu ein.
- Machen Sie es sich leicht, und planen Sie, zunächst nur zweimal am Tag eine entsprechend gezielte Antwort zu geben. Vermeiden Sie es am Anfang, komplette Gespräche mit diesen Sprachmustern zu gestalten.

Das »Performance-orientierte« Delegationsmodell

Wer kennt nicht die alte Geschichte aus dem Leben eines Schülers: Heute in Mathematik ein Versager – nach dem Lehrerwechsel ein begeisterter Mathematikanhänger.

Nicht umsonst nimmt heute die Lernpsychologie zuerst die Pädagogen und dann erst die Schüler in die Verantwortung für Leistungsentwicklung. Übertragen auf die Arbeitspsychologie, bedeutet das eine zusätzliche Herausforderung an die Fähigkeiten der Führungskräfte.

Jede Performance benötigt den Rahmen, in dem sie stattfinden kann.

Es ist die Aufgabe des Managements, dem Mitarbeiter den Rahmen zu bieten, in dem seine Ressourcen zur Entfaltung kommen können. Doch viele Manager widmen den größten Teil ihrer Aufmerksamkeit nach wie vor den Produktionsfaktoren, statt sich intensiv um die Förderung der »Ressource Mensch« zu kümmern.

Die wirkungsvollste Weise, Ihre Mitarbeiter zu interessieren und zu fördern, ist die erfolgreiche Delegation. Ihre Vorteile liegen auf der Hand:

- Persönliche Entlastung. Sie können sich intensiver Ihren Fach- und Sachaufgaben widmen.
- Arbeitsteilung.
- »Training on the job«.
- Steigerung der Eigenverantwortlichkeit des Mitarbeiters.
- Stärkung der Corporate Identity.

Aus diesem Grund sollten Sie sich als Führungskraft immer wieder die Frage stellen: Warum delegiere ich nicht mehr delegierbare Aufgaben? Hierzu kann es folgende Motive geben:

- Es würde zuviel Zeit kosten.
- Die Aufgabe macht Ihnen selbst soviel Spaß.
- Das Thema ist eine Aufgabe des Managements.
- Sie möchten selbst den Erfolg.
- Machtstreben.
- Sie können es selbst »besser«.

Als akzeptable Begründung können hier nur die ersten drei Motive anerkannt werden. Die letzten drei Argumente kommen unbewußt häufiger ins Spiel, als Sie denken. Hier ist eine kritische Selbstbeobachtung angemessen. Sie erlaubt es, diese Punkte als *Coach-Yourself*-Thema zu bearbeiten. Es könnte sonst leicht passieren, daß Sie nicht kongruent und *überzeugend* genug delegieren. Delegation bedeutet, ihre Ziele mit der »Ressource Mensch« zu realisieren.
Nun ist der systemische Umgang mit dem Mitarbeiter gefragt. Er soll im Unternehmen die ihm überlassenen Aufgaben genauso aktiv und eigenverantwortlich wahrnehmen wie Sie die Ihren. Ständige Kontrolle und Überwachung ist also nicht angebracht. Erinnern sie sich an das Beispiel mit der Fußballmannschaft. Der Trainer kann mit den Spielern nicht jeden einzelnen Spielzug vorbereiten, er kann sie nur mit Training und Motivation auf das Ziel und den Erfolg vorbereiten und einstimmen. Im Spiel selbst handeln die Spieler aktiv, eigenverantwortlich und kreativ. Sie können es sich nicht leisten, vor jedem Lauf den Trainer zu fragen, ob er richtig wäre. So ein Spiel wäre schnell verloren. Sehen auch Sie sich in der Rolle des Trainers, der beim eigentlichen Spiel seine Mannschaft

beobachtet, der berät, der aber nicht aufs Feld läuft, um den einen oder anderen durch sein vermeintlich besseres Talent zu ersetzen.

Im Performance-orientierten Delegationsmodell ist der Manager der Coach der Mitarbeiter.

Die wesentlichen Aufgaben des Managements sind Ihnen vertraut: Der Manager soll Ziele

– setzen,
– deren Durchführung planen,
– die Durchführung organisieren,
– die Erreichung der Ziele kontrollieren.

Hierfür stehen Ihnen nichtmenschliche Produktionsfaktoren und die Menschen selbst zur Verfügung. Für die Nutzung der »Ressource Mensch« gibt es auch hier sowohl die quantitative (wieviel und was soll mein Mitarbeiter schaffen?) als auch die qualitative (in welcher Verfassung soll er arbeiten?) Realisierungsebene.

Quantitative Realisierung
Zur Erfüllung dieses Schritts durch Ihre Mitarbeiter müssen Sie sich in der Regel an folgende Punkte halten:

– Information der Mitarbeiter über das Arbeitsziel.
– Bereitstellung von Arbeitsmitteln.
– Know-how der Mitarbeiter.
– Ausreichende Anzahl der Mitarbeiter.
– Ein Teamschema für das Projekt.
– Ein realistisches Zeitschema.

Qualitative Realisierung
In diesen Bereich fallen wieder die sogenannten »weichen Faktoren« (Motivation, Unternehmenskultur und Orientierung an der Führungspersönlichkeit), die sich nicht in Fakten und Zahlen erfassen lassen, sich aber dennoch auf die Bilanz niederschlagen. Eine Orientierung bietet Ihnen das Performance-orientierte Delega-

tionsmodell. Dieses Modell haben wir für sie als Abbildung zusammengefaßt. Es enthält die wichtigsten *Coach-Yourself*-Schritte für eine Delegation, die in dem Mitarbeiter Talente und Fähigkeiten anspricht, ihn also zur »Performance« im Sinne von qualitativ guter Leistung motiviert. Grundlage für eine Performance-orientierte Mitarbeiterführung ist wieder das Qualitätspentagramm. Es organisiert nicht nur Ihre Persönlichkeitsteile optimal, sondern sichert Ihnen auch aktive Mitarbeiter.

Es ist sehr wichtig, das Arbeitsergebnis mit den vom Mitarbeiter vorgeschlagenen Lösungswegen zu vergleichen. Gerade wenn Sie delegieren, wird der Mitarbeiter in seiner Eigenverantwortlichkeit individuelle Wege gehen, die natürlich mehr zu seiner Persönlichkeit als zu der Ihren passen. Leider greifen hier viele Führungskräfte dann vorschnell ein, weil sie es selbst anders machen würden. So entgeht Ihnen unter Umständen eine Vielfalt innovativer Lösungsmöglichkeiten bei der Durchführung Ihrer Projekte. Bedenken Sie daher auch Ihnen fremd und sogar falsch erscheinende Lösungswege der Mitarbeiter hinsichtlich des Kriteriums: »Kommt er so ans Ziel?« Lassen Sie hierzu folgenden provokativen Satz des Künstlers Francis Picabia auf sich wirken: »Der Kopf ist rund, damit das Denken die Richtung wechseln kann.« Handeln Sie erst nach einer Selbstüberprüfung im Sinne Picabias.

Das Performance-orientierte Delegationsmodell

Voraussetzung:
für die quantitative Realisierung ist fachgerecht gesorgt

1. ZIEL SETZEN:

MANAGER ➡ MITARBEITER

- Rapport
- klare Zieldefinition
- sprachliche Nutzung des gleichen »Sinneskanals«

2. ZIEL PLANEN:

MANAGER ➡ MITARBEITER

- zielgerechte Motivation
- Ressourcephysiologie des Mitarbeiters hervorrufen

3. ZIEL ORGANISIEREN:

MANAGER — organisiert Pentagramm ➡ MITARBEITER

⬅ reagiert auf Pentagramm
(Vorbild, kongruente Ausstrahlung)

4. ZIEL KONTROLLIEREN:

MANAGER ⬅ Lösungswege / Arbeitsergebnis — MITARBEITER

Der Manager vergleicht das Arbeitsergebnis und die vom Mitarbeiter vorgeschlagenen Lösungswege mit dem gesteckten Ziel. Zeigt sich, daß Ergebnisse und Lösungen zum Ziel führen, erhält der Mitarbeiter »grünes Licht«, seine Arbeit in diesem Sinne fortzusetzen.

Ergebnisse von Coach Yourself

In diesem letzten Abschnitt beschreiben wir Ihnen die Ergebnisse, die Sie von *Coach Yourself* erwarten können. Neben den Berichten einiger unserer Seminarteilnehmer beschäftigen wir uns mit Überlegungen, die aus dem *Coach-Yourself*-Programm abgeleitet werden können.

Erfahrungsberichte von Seminarteilnehmern

Wirtschaftsjournalist, 42 Jahre
Mir halfen in erster Linie die persönlichen Ökologieübungen, die mir beibrachten, angemessen mit dem Anteil umzugehen, der mich blockierte. Ich fragte mich: »Warum blockiert er mich, was ist eigentlich das Anliegen dieses Teils?« Diese Fragestellung ermöglichte mir, die Anliegen dann in meine Persönlichkeit zu integrieren. Es waren nicht bestimmte Übungen, sondern die Entwicklung einer größeren Sensibilität für das Thema insgesamt, die mir half. Meine Einstellung zu persönlichen Blockaden hat sich verändert, sie ist versöhnter und weniger kriegerisch geworden.
Worüber ich noch immer nachdenke, ist die Tatsache, daß sämtliche Ideen als Bilder in uns repräsentiert sind. Das trifft vor allem auf die emotional besetzten Vorstellungen zu, die man wie ein Bild ganz konkret sehen kann. Das geschieht meist nicht bewußt, wie beispielsweise die Entwicklung eines Gedankenganges – aber dennoch sind diese Bilder da. Nur im Alltag bemerkt man oft nicht, daß sie da sind und *wie* sie da sind, zum Beispiel bei dem Satz: »Da kommt

ein Berg Arbeit auf mich zu.« Man denkt nur an den Berg. Im Alltag merkt man dann gar nicht, daß der Berg innerlich *wirklich* da ist. Man spürt nur seine Auswirkungen, denn man fühlt sich unwillkürlich ganz klein vor ihm.

Wir wurden angeleitet, diese Bilder zu sehen und bewußt zu verändern. Es hat mich beeindruckt zu merken, daß wir unseren Vorstellungen nicht ausgeliefert sind, sondern sie benutzen können, um uns *bewußt zu programmieren*. Ich bin also den unbewußt ablaufenden Sinneseindrücken meines Gehirns nicht schutzlos ausgeliefert. Diese Erfahrung war für mich eine Entwicklung von der Reaktion hin zur Aktion.

Ich glaube, es ist äußerst wichtig, sich über einige Zeit mit den Übungen konzentriert zu beschäftigen.

Geschäftsführerin aus der Modebranche, 36 Jahre

Coach Yourself hat meinen beruflichen Erfolg erheblich gesteigert. Wie genau der Erfolg nun zustande gekommen ist, kann ich nicht detailliert schildern. Ausschlaggebend war die Ressourcebewegung. Ich brachte mir in der Firma einige Anker an, die mich an diese Bewegung erinnerten. Allein der Gedanke daran hat mich immer mehr gestärkt. Als Modell fanden wir das Bild eines Panthers. Ich identifizierte mich mit den Eigenschaften dieses Tieres. Das hilft mir, beruflich richtig »zuzupacken« und mir nichts wegnehmen zu lassen. Ich habe so richtig »Biß« bekommen.

Dank dieses starken Selbstbewußtseins kann ich ruhig und gelassen meine Bedingungen und Forderungen stellen. So überzeugend konnte ich das vorher nicht. Und für alle scheint es selbstverständlich. Die Wirkung, vor allem meinen Mitarbeitern gegenüber, entsteht durch mein bloßes persönliches Auftreten. Durch meine Ausstrahlung erreiche ich das Entgegenkommen anderer mühelos. Ich muß weder meine Stimme erheben noch einen einstudierten Satz sagen oder mit meiner Macht spielen. Es klappt einfach von innen heraus. Und besser geht es gar nicht. Ich werde als Führungskraft akzeptiert.

Das Modell der Persönlichkeitsteile hat mir geholfen, Ordnung in mein Inneres zu bringen. Ich hatte oft das Problem, mich bei Verhandlungen zu langweilen. Dahinter steckte mein Lebensfreudeteil. Verhandlungen sind ja nicht der geeignete Ort für Spaß – also vereinbarten wir, daß ich den Spaß woanders suchen solle. Das war wie eine Befreiung und änderte einiges in meinem privaten Leben. Der Erfolg bestand in einer gesteigerten Konzentration im Beruf und in Verhandlungen. Das Modell der Persönlichkeitsteile hat mir zu einem neuen Selbstverständnis verholfen. Früher dachte ich immer, das schlimmste sei, wenn die Wahrheit über mich ans Licht käme. Heute erlebe ich es als Katastrophe, die Wahrheit über sich zu unterdrücken.

Im Kontakt mit wichtigen Mitarbeitern auf meiner Führungsebene ist meine Kooperationsfähigkeit erheblich gestiegen. Wenn wir zu zweit oder zu dritt mit Kunden verhandeln, haben wir gerade auch als Team eine besonders positive Ausstrahlung. Die innere Teamfähigkeit hat sich auch im Umgang mit anderen niedergeschlagen. Wir sind jetzt »kompatibel«. Unsere charakteristischen Stärken kommen so besser zur Geltung. Unsere Verhandlungserfolge wirken natürlich positiv auf die Bilanz.

Unternehmerin, 39 Jahre

Heute bin ich dazu in der Lage, bei Verkaufs- oder Kundengesprächen den Kunden viel mehr miteinzubeziehen. Ich habe gelernt, mein Gegenüber aufmerksam zu beobachten und mich aufgrund dieser Beobachtungen auf mein Gegenüber ganz individuell einzustellen. Vor allem kann ich jetzt ein Gespräch, daß in eine Sackgasse gerät, mit einem Schlag wieder herausreißen. Das habe ich jetzt mehrmals erlebt. In vergleichbaren Situationen hätte ich früher zu mir gesagt: »Na, dann eben nicht.« Ich benutzte meine Ressourcebewegung als Anker für einen neuen Kraftschub – und plötzlich gaben die »klein bei«. Mein einziges Problem war dann der Gedanke: »Hoffentlich merken meine Gesprächspartner nicht, wie überrascht ich bin.« Vor allem wirkt dieser Anker auch beim Ansprechen einer Gruppe. Da konzentriert man sich ja nicht auf den einzelnen. Ich weiß nicht, was sich genau verändert hat, aber ich muß auf einmal viel überzeugender wirken.

Meine Firma wird heute auch von den Stammkunden zu ganz anderen, viel bedeutenderen Projekten herangezogen. Gerade vor ein paar Tagen hat sich ein Auftrag in einer Größenordnung ergeben, die wir bisher noch nie hatten. Ich wurde sogar gebeten, bei diesem Projekt von Anfang an bei allen Verhandlungen mit anwesend zu sein. Die Wertigkeit meines Unternehmens ist gestiegen, weil ich es jetzt besser repräsentieren kann.

Dabei bin ich gegenüber den Kunden viel kompromißloser geworden, allerdings ohne andere zu bevormunden. Ich kann besser meinen Standpunkt vertreten. Es scheint, als würde der Kunde denken: »Wenn die so sicher auftritt, wird sie schon recht haben!«

Internationaler Marketingmanager, 48 Jahre

Ich habe für mich das NLP mit einem anderen Mentaltraining verglichen und festgestellt: Das NLP hat phantastische Vorteile gegenüber den anderen Ansätzen. Sie liegen in der ganz klar in Worten gefaßten Zielvorstellung. Gerade in meinem Beruf sind präzise sprachliche Formulierungen sehr wichtig, und ich habe gelernt, Texte noch pointierter zu gestalten.

Die Übungen zur nonverbalen Kommunikation sind sehr wichtig für das Finden und Sehen des Rapports. Auf diese Dinge habe ich seit dem Seminar sehr geachtet. Ich arbeite disziplinierter, steuere die Kommunikation ganz gezielt.

Mir helfen in Verhandlungen die Anker, die ich mir selbst irgendwo anbringe. Sie sind eine enorme Hilfe. Es ist geradezu so, als läutete beim zufälligen Hinschauen sofort eine innere Glocke. Vor allem kann ich diese Anker so unauffällig einsetzen, daß meine Kommunikationspartner nichts bemerken. Die Botschaft sagt nur mir selbst etwas. Ich gehe insgesamt viel selbstsicherer und freier an Menschen heran, zu denen ich vorher Distanz gehalten habe. Vor allem hat mir das Training die Stärke gegeben, über Hierarchien hinwegzusehen. Wenn ich jetzt aus mir herauskomme, ist das eine Situation, mit der der Gesprächspartner zurechtkommen muß – und nicht ich.

Coach Yourself hat meine Persönlichkeit auch insofern gestärkt, als ich mich ganz gezielt und bewußt auf wichtige Situationen mental einstellen kann. Ich kann Situationen aktiv beeinflussen, ohne mich manipulieren zu lassen. Ich lenke die Situation und tue das bewußt.

Oft denke ich an die gute Balance meiner »inneren Werte« – so nenne ich die Persönlichkeitsteile für mich. Im wahrsten Sinne des Wortes kann ich jetzt mein Leben ausgeglichen organisieren. Ich habe das Bild eines Plateaus, das ins Schwanken gerät, wenn ein Wert dominant wird. Ist das Plateau waagerecht, bin ich auch ausgeglichen. In diesem Zustand bin ich stark – und das ist eine wichtige Erkenntnis. Gerät das Plateau aus der Balance, habe ich mit mir selbst zu tun. Das merken andere sofort, und schon ergibt sich ein Angriffspunkt.

Der große Vorteil des NLP – so wie es im *Coach Yourself* vermittelt wurde – ist die Auflösung der widersinnigen zermürbenden inneren Kämpfe. Ich habe jetzt das Gefühl, die »kleinen Gegner« in mir nutzen zu können. »If you can't beat them, join them.« Es hat mich sehr fasziniert, wie dann schon die Wahrnehmung einer vermeintlichen Schwäche zu einer Stärke wird.

Der synergetische Manager – Ein Zukunftsprofil

Der synergetische Manager lebt alle seine Persönlichkeitsteile aus. Überflüssig werden da Fragen wie: »Darf ein Manager Kinder und ein Privatleben haben?« Natürlich hat der synergetische Manager ein Privatleben, in dem sich jene Persönlichkeitsteile entfalten, die nicht in seinen Beruf passen. Er hat auch ein anderes Persönlichkeitsprofil als der Manager, wie er in den Medien dargestellt wird. Die Zeitschrift »Psychologie Heute« berichtete unlängst über eine Befragung, die die Managementberaterin Brigitta Gold 1988 durchführte. Es wurden »Meinungsmacher wie Journalisten, Professoren, Unternehmensberater und Personalchefs« nach ihrem Managerideal befragt. Das Antwortprofil verglich Sie mit dem Ergebnis eines objektiven Persönlichkeitstests, den sie mit männlichen und weiblichen Managern durchgeführt hatte. Das Resultat: Die Manager waren schon 1988 nicht so wie das Managerideal. Der Abbildung können Sie entnehmen, daß sie sich durchschnittlich wesentlich emotionaler, sensibler und spontaner einschätzten, als die Meinungsmacher sie gerne sehen wollen.

Das weist darauf hin, daß viele Führungskräfte durchaus den

Wunsch und die Fähigkeiten zu einem synergetischen Charakterprofil haben. Sie passen sich oft unter Mühen und gegen die eigenen Persönlichkeitsteile dem Idealbild an. So können heute viele Führungskräfte ihre aktive Persönlichkeit gar nicht leben.

Viele leistungsfähige Führungskräfte leiden unter diesem Abgeschnittensein vom »normalen« Leben sehr. Frauen, die die Voraussetzungen¹ für ein synergetisches Profil mitbringen, nutzen diese nicht als Stärke, sondern versuchen ebenfalls, dem Managerideal zu entsprechen. Es ist zweifelhaft, inwieweit eine Anforderung wie »Emotionale Widerstandsfähigkeit« überhaupt ein positives Kriterium für Menschen im Management darstellt. Ein solches Kriterium läßt sich nämlich auch als »hart« oder gar »eiskalt« interpretieren. Wir möchten an dieser Stelle ein aktuelles und bedrückendes Ereignis ins Gedächtnis rufen: den Golfkrieg 1990. Plötzlich waren alle – auch die Meinungsmacher – über skrupellose Manager empört, die Saddam Hussein jahrelang mit Hilfsmitteln für den Ausbau seiner Kriegsmaschinerie beliefert hatten. Wie konnte das nur passieren? Man kann sich das erklären, wenn man die »Emotionale Widerstandsfähigkeit« ganz schlicht als Unsensibilität enttarnt. Die vermeintliche Stärke des Managers ist hier zum Fallstrick für das Gewissen geworden.

Entscheiden Sie selbst: Wie sollen Manager, die oft bis zu sechzehn Stunden am Tag abgekapselt vom normalen Leben arbeiten, eigentlich systemisch und vernetzt denken können? Vielleicht lesen Sie von Zeit zu Zeit Zeitungsartikel über das vernetzte Denken, haben aber schon wochenlang Ihre Kinder nicht mehr gesehen. So kann über Jahre hinweg ein Realitätsverlust entstehen. Entscheidungen, die sich dann negativ auf die Umwelt und die Bevölkerung auswirken, werden so vorprogrammiert.

Synergetische Manager sind die Führungskräfte von morgen, wenn Unternehmen den Zerfall Ihrer Wirtschaftstechnik vermeiden und verantwortlich die menschliche Zukunft mitgestalten wollen. Die Stärke dieser Führungskräfte ist dann *gerade* ihre *Sensibilität. Soziale Intelligenz und die Fähigkeit, auch einmal erschrocken sein zu können,* ist über die Berufswelt hinaus auch für das alltägliche Leben wichtig – zumal sich der Synergist mit Überzeugung in »normalen« Lebenssystemen aufhält.

Management und Persönlichkeit

—— = E = Expertenmeinungen
——— = D = Durchschnittsprofil (Manager + Managerin)

Nr.	E	D	Primärfaktoren	Werteskala 1 2 3 4 5 6 7 8 9 10	Primärfaktoren
1	6,1	7,9	Sachorientierung		Kontaktorientierung
2	8,3	7,7	Konkretes Denken		Abstraktes Denken
3	8,6	6,4	Emotionale Störbarkeit		Emotionale Widerstandsfähigkeit
4	6,8	7,9	Soziale Anpassung		Selbstbehauptung
5	5,6	8,1	Besonnenheit		Begeisterungsfähigkeit
6	3,6	2,8	Flexibilität		Pflichtbewußtsein
7	7,5	7,9	Zurückhaltung		Selbstsicherheit
8	4,1	6,9	Robustheit		Sensibilität
9	4,9	5,2	Vertrauensbereitschaft		Skeptische Haltung
10	4,3	8,7	Pragmatismus		Unkonventionalität
11	7,3	3,2	Unbefangenheit		Überlegenheit
12	3,0	3,3	Selbstvertrauen		Besorgtheit
13	7,9	8,2	Sicherheitsinteresse		Veränderungsbereitschaft
14	6,3	5,4	Gruppenverbundenheit		Eigenständigkeit
15	7,9	5,0	Spontaneität		Selbstkontrolle
16	4,0	5,1	Innere Ruhe		Innere Gespanntheit

Quelle: Brigitta Gold, München

Synergetische Menschen können hoch leistungsfähig sein und äußerst profitabel wirken, wie Gerd Gerken in seinem Buch »Management by Love« an vielen Beispielen beschreibt. Gerken benutzt hier den Terminus »helles Management«.

Der synergetische Manager ist die Führungskraft der Zukunft.

Selbstsichere Querdenker

Mehr denn je braucht das Management Querdenker, die nicht nur der Wirtschaft, sondern auch der Politik und der Umwelt kreative und positive Impulse geben können. Dem gängigen Managerprofil zu entsprechen kostet offensichtlich harte Selbstüberwindung und fordert die Unterdrückung bestimmter Emotionen und Lebenswünsche. Es kostet Selbstüberwindung – aber kein bißchen Mut, denn das Resultat ist eine bloße Anpassung an ein vorgegebenes Persönlichkeits- und Denkschema.

Querdenker rütteln auf, verblüffen, bringen durcheinander und setzen so oft die äußere Harmonie aufs Spiel. Das Festhalten an den gesteckten Zielen erfordert eine große Portion Mut und eine noch größere Portion an Selbstsicherheit. Die persönliche Ausstrahlung und die Fähigkeit, auch mit Kritikern Rapport aufzunehmen und zu halten, steigern dann zusätzlich die Überzeugungskraft des Querdenkers.

Führungskräfte, die mit *Coach Yourself* an sich gearbeitet haben, berichten über einen erstaunlichen Zuwachs an Selbstsicherheit. Sie können zu Ihrer Persönlichkeit und zu eigenwilligen Ansichten öffentlich stehen. Es scheint, als sei zuvor viel zuviel Kraft in die Aufrechterhaltung der äußeren Harmonie geflossen statt in die Herstellung der inneren. Wenn aber innerlich die Persönlichkeitsteile synchron und kompatibel miteinander verbunden sind, wirken plötzlich äußere Widerstände nicht mehr als Abschreckung, sondern als Herausforderung. Die innere Harmonie gibt die Durchhaltekraft für äußere Konflikte.

Ein Querdenker ist kein Zufallsphänomen, sondern das Ergebnis einer aktiven Persönlichkeitskultur.

Konsequenzen
für die Personalauswahl

Es gibt viele verschiedene Methoden zur Personalselektion. Wir wollen hier nur zwei Gedanken schildern, die sich aus unserem Konzept konsequenterweise ergeben.

Achten Sie darauf, synergetische Führungskräfte auszuwählen. In einem Magazin zum Thema »Managernachwuchs« fanden wir folgende Äußerung eines Personalleiters: »Ich sage den Kandidaten, daß sie damit rechnen müssen, durchschnittlich bis zu sechzehn Stunden täglich arbeiten zu müssen. Wer dann blaß wird, fällt heraus.« Denken Sie lieber umgekehrt: Wer da blaß wird, zeigt Ihnen nur, daß er auch ein intaktes Privatleben führt. Er wird jemand sein, der weiß, wofür er arbeitet, und mit Menschen gut zurechtkommt, der verantwortlich und vernetzt lebt und denkt. Dank seiner Ausgeglichenheit wird er über lange Zeiträume gute Arbeit leisten. Manische »Feuerwerks«manager, die nach dem Ausgebranntsein nichts mehr taugen, schaden dem Unternehmen langfristig.

Wenn Sie Personal mit der Methode »Assessment Center« auswählen, sollten die Kandidaten nicht nur unter sich die gestellten Testprojekte durchziehen. Sie erhalten dadurch keinen Eindruck davon, wie der mögliche Kandidat ins bereits bestehende Team paßt. Wir empfehlen als Auswahlmöglichkeit auch die sogenannte »bipolare Personalselektion«: Ein firmenneutraler Coach supervidiert die Kommunikation zwischen dem Kandidaten und den wichtigsten zukünftigen Mitarbeitern. Mit fundiertem NLP-Wissen kann der Coach Ihnen sagen, wie gut das zuküntige Team auch nonverbal zueinander paßt. Denn hier sind starke Diskrepanzen möglich, beispielsweise wenn das Fach- und Sachwissen des Bewerbers mit seinem Verhalten in der Konkurrenzsituation zu weit auseinanderklafft. Der neue Mitarbeiter – zumal wenn es um die Besetzung einer wichtigen Funktion geht – sollte *zu Ihrer Persönlichkeit* und zu Ihrer Unternehmenskultur passen. Gemäß unserer Erfahrung sollten Sie die regelmäßige Teamsupervision durch firmenexterne Coachs auch weiterhin beibehalten.

Wie geht es weiter:
Integration der neuen
Erfahrungen in den Alltag

Setzen sie das *Coach-Yourself*-Training fort, indem Sie sich zunächst ein einzelnes Coaching-Thema über einen Zeitraum von ungefähr zwei Wochen vornehmen. Machen Sie sich eine Coaching-Notiz, und schaffen sie sich unauffällige Anker. Wenn Sie bei uns zur Unterstützung des Mentaltrainings *Coach-Yourself*-Übungskassetten bestellen, legen wir zwei Coaching-Notizkarten im Kreditkartenformat bei.

Für die Anwendung der verschiedenen Techniken empfehlen wir, jeweils nur ein oder zwei für Erfahrungen im praktischen Alltag zu intensivieren: Achten Sie beispielsweise ein oder zwei Tage lang nur auf Rapport, Pacen und Leaden. Beobachten Sie in der nächsten Phase vielleicht die gehirngerechte sprachliche Formulierung von Zielen – bei sich selbst und bei anderen. Arbeiten Sie dann eine Weile bewußt mit der Präsentation von Zielen auf der Timeline, und üben Sie sich dann gezielt im Reframen. Richten Sie sich dabei eher nach Ihrem Interesse an den einzelnen Techniken als nach der Reihenfolge im Buch, denn es ist so konzipiert, daß sie jederzeit auch »quer« wieder einsteigen können. Der Text vor jeder Übung dient dann als Refreshing der mentalen Basis für die jeweilige Technik.

Wir führen regelmäßig *Coach-Yourself*-Seminare durch, in denen wir die verschiedenen Themen des Buches trainieren. Zudem bieten wir auch Einzelsupervisionen zu den verschiedenen Trainingspunkten an. Als Grundlage wird in der Einzelsupervision auch dieses Buch herangezogen. Sie geben uns dann an, welches der Themen Sie noch vertiefen möchten.

Betrachten Sie das *Coach-Yourself*-Training wie jede andere nützliche Fertigkeit, die Sie sich im Laufe der Zeit für Ihr privates oder berufliches Leben angeeignet haben.

Mit dem Coach-Yourself-Training aktivieren Sie in sich jene Form der Professionalität, die sich nicht in Zahlen und Fakten erfassen läßt, sich aber dennoch auf die Bilanz niederschlägt.

Übung:
Integration in den Alltag – Zukunftsgestaltung

① Denken Sie an die letzte Zeit, in der Sie mit dem Lesen dieses Buches eine Reihe von Erfahrungen gemacht haben.

② Stellen Sie sich diese Zeit dissoziiert (vom Meta-Standpunkt) auf der inneren Timeline vor, und markieren Sie diese in der Phantasie mit einer bestimmten Farbe.

③ Malen Sie sich innerlich aus, auf welche Art und Weise diese Farbe in Ihre Zukunft »streut«:
Färbt sie diese insgesamt leicht ein?
Ergeben sich eher verstreute Farbpunkte im Zukunftsbereich?

④ Assoziieren Sie sich jetzt mit der Timeline noch einmal an den Anfang, als Sie die erste Seite lasen: Hinter Ihnen ist die Vergangenheit, vor Ihnen die Zukunft.

⑤ Bewegen Sie sich jetzt assoziiert durch den zuvor markierten Zeitraum, und nehmen Sie intensiv die Erfahrung wahr, sich durch die Zeit zu bewegen: *V, A, K, O.*

⑥ Nehmen Sie assoziiert die Zukunft vor sich wahr.

Hinweis zur Übung

• Diese Übung eignet sich für alle Zeiträume, Erlebnisse und erlernte Inhalte, die Sie für besonders wichtig halten und nicht vergessen wollen.

Glossar

Hier finden Sie alphabetisch jene Begriffe aufgelistet, die im Text oft benutzt werden. Die Bedeutung dieser Begriffe in Zusammenhang mit dem *Coach-Yourself*-Konzept wird erklärt.

Anker, ankern	Die Verknüpfung eines Reizes mit einer Befindlichkeit, Stimmung oder einer Verhaltensweise (Physiologie). Konditionieren.
Assoziation, assoziierte Wahrnehmung	Aus dem Körper heraus wahrnehmen. Die Perspektive: mit eigenen Augen. Das Lebendigmachen einer Erfahrung, und zwar dergestalt, als würde sie tatsächlich geschehen.
Desired-State	Angestrebter Zielzustand.
Dissoziation, dissoziierte Wahrnehmung	Sich selbst oder Situationen von außen wahrnehmen. Auch: Meta-Position, Helicopter-View, Beobachterperspektive.
Engramm	Neuronale Verknüpfung im Gehirn, die eine »Gedächtnisspur« repräsentiert.
external	Äußerlich.
Future-Pace	Schritt in die Zukunft. Die Übertragung einer Veränderung in die Zukunft (»Als-ob«-Modus oder »Probefahrt«).

Helicopter-View	Überblick, dissoziierte Wahrnehmung.
internal	Innerlich.
interpersonell	Ein Vorgang, der sich zwischen zwei oder mehreren Personen abspielt.
intrapersonell	Etwas, das sich in der Person selbst abspielt.
Kalibrieren	Sich auf die Reaktionen und Physiologien eines Gesprächspartners einstellen. Eichen.
Körpersymmetrie, körpersymmetrisch	Die Körperhaltung, in der die linke Körperhälfte sich deckungsgleich zur rechten Körperseite verhält.
Kongruenz, kongruent	Innere Übereinstimmung aller Persönlichkeitsteile. Harmonie des äußeren Verhaltens mit dem inneren Zustand.
Kontextualisierung	Kontextmarkierung. Überprüfung, inwieweit eine Veränderung (Physiologie, Verhalten) zu einer bestimmten Situation paßt.
Makrokosmos/ Mikrokosmos	Hier: die äußere und innere Welt einer Person.
matchen	Das Kopieren der Körperhaltung oder Sitzposition, der Gestik und Mimik, des Sprechrhythmus und Tempos der Kommunikationspartner.
Meta-Position	Dissoziierte Wahrnehmung.
Neurostat	Coach-Yourself-Begriff für den »physiologischen Regler«, der eine Veränderung auf neuronaler Ebene zur rechten Zeit schaltet.
No-State	Die Physiologie der Ablehnung.

Ökologie, Öko-Check	Verhältnis oder Beziehung der Teile (innerlich/äußerlich, Einstellungen, Verhaltensweisen und Situationen) zueinander. Die Überprüfung dieser Beziehung.
pacen und leaden	Im Schritt mitgehen, angleichen und führen. Pacen beinhaltet matchen und das Eingehen auf den Gesprächspartner.
Personal-Power	Überzeugungskraft durch persönliche Ausstrahlung.
Physiologie	Sammelbegriff für körperlich seelische (psychophysiologische) Zustände.
Present-State	Momentaner Zustand.
Problemphysiologie	Psychophysiologischer Zustand bei einem Problem.
Programm	Hier: System eines oder mehrerer funktionaler, neuronaler Schaltkreise zur Steuerung von Befindlichkeiten und Verhaltensweisen.
Rapport	»Einen Draht haben«, »auf einer Wellenlänge sein«. Kommunikationsfluß zwischen Persönlichkeitsteilen (internal) und Gesprächspartnern (external).
Reframing	Umdeuten, einen neuen Bedeutungsrahmen geben: – inhaltliches Reframing – Kontextreframing

Repräsentations-systeme	Sinnesmodalitäten, in denen Informationen wahrgenommen und verarbeitet (Input) bzw. Erinnerungen dargestellt (Output) werden können: – Visuell (Sehen) – Auditiv (Hören) – Kinästhetisch (Fühlen) – Olfaktorisch (Riechen) – Gustatorisch (Schmecken)
Ressource	Die »innere Kraftquelle« eines Menschen, seine Möglichkeiten und Fähigkeiten.
Ressource-physiologie	Körperlich-seelischer Zustand, in dem man einen ungestörten Zugang zu seinen persönlichen Kraftquellen hat.
Referenzerfahrung	Eine spezielle, bereits erlebte Erfahrung, die Modell für eine mögliche Weiter-entwicklung sein kann.
Schleifen, unbewußte	»Suchautomatik« des Gehirns.
Separator-State, Separator	Zustand, der verschiedene Physiologien sauber trennen soll. Den Gesprächspartner aus einer Physiologie (Problemphysiologie, No-State) herausholen.
Sinnesmodalitäten	Sehen, Hören, Fühlen, Riechen und Schmecken (siehe auch Repräsentations-systeme).
Stuck-State	Statischer Zustand, der vergleichbar mit dem »Blockiertsein« ist.
Submodalitäten	Qualitative oder quantitative Unterschiede der einzelnen Sinnesmodalitäten (VAKO): hell/dunkel, laut/leise, glatt/rauh.

Symmetrie, symmetrisch	Siehe Körpersymmetrie.
Timeline	Innere Vorstellung vom Verlauf der Zeit; kulturell und individuell verschieden.
Trance	Zustand der nach innen gerichteten Aufmerksamkeit. Verbunden mit erhöhter Durchblutung des Gehirns und anderen Veränderungen der physiologischen Parameter (Atmung, Motorik, Stoffwechsel).
Trigger	Auslöser von Physiologien oder Verhaltensweisen.
utilisieren	Hier: die Energie eines Widerstandes zu einem positiven, wünschenswerten Effekt »umleiten« bzw. nutzen.
VAKOM	Abkürzung für die Repräsentations-systeme: **V** - visuell, **A** - auditiv, **K** - kinästhetisch, **O** - olfaktorisch, **G** - gustatorisch, **M** - motorisch.
Yes-State	Psychophysiologischer Zustand der Anerkennung, des Annehmens.
Zieldefinition	Zieldefinition, die keine Vergleiche und keine Verneinungen enthält, die Sie selbst aufrechterhalten können.
Zielphysiologie	Psychophysiologischer Zustand, während Sie das Ziel erleben.
Zieltraining	Sich mit der persönlichen Zielphysiologie vertraut machen.
Zieltrance	Trancezustand, ausgehend von der klaren Zieldefinition.

Literaturverzeichnis

Anochin, P. K.: *Beiträge zur allgemeinen Theorie des funktionellen Systems,* VEB Gustav Fischer Verlag, Jena 1978.

Andreas, C. / Andreas, S.: *Gewußt Wie,* Junfermann, Paderborn 1988.

Bandler, R. / Grinder, J.: *Neue Wege der Kurzzeit-Therapie,* Junfermann, 9. Aufl. 1991, Paderborn 1981.

Bandler, R. / Grinder, J.: *Reframing,* Junfermann, Paderborn 1985.

Bandler, R.: *Veränderung des subjektiven Erlebens,* Junfermann, 3. Aufl. 1990, Paderborn 1990.

Besser-Siegmund, C.: Easy Weight, *Der mentale Weg zum natürlichen Schlanksein,* ECON, Düsseldorf 1988.

Besser-Siegmund, C.: *Sanfte Schmerztherapie mit mentalen Methoden,* ECON, Düsseldorf 1989.

Besser-Siegmund, C. / Siegmund, H.: *Denk Dich nach vorn,* ECON Taschenbuch-Verlag, Düsseldorf, Wien 1992.

Besser-Siegmund, C. / Siegmund, H.: *Du mußt nicht bleiben, wie Du bist,* ECON Verlag, Düsseldorf, Wien, New York, Moskau 1992.

Bierach, A. J.: *NLP: die letzten Geheimnisse der Starverkäufer,* Moderne Verlagsgesellschaft, Landsberg 1989.

Birkenbihl, V. F.: *Kommunikationstraining,* Moderne Verlagsgesellschaft, Landsberg 1989.

Blanchard, K. / Spencer, J.: *Der Minuten Manager,* Rowohlt, Reinbek 1983.

Blickhan, D.: *Denken, Fühlen, Leben,* Moderne Verlagsgesellschaft, Landsberg 1989.

Dilts, R.: *Changing Belief Systems with NLP,* Meta Publications, California 1990.

Erickson, M. H.: *Lehrgeschichten,* (Hg.: Rosen, S.), Isko Press, Hamburg 1985.

215

Etzioni, A.: *Die aktive Gesellschaft,* Westdeutscher Verlag, Opladen 1975.

Hooper, J. / Teresi, D.: *Das Drei Pfund Universum,* ECON, Düsseldorf 1988.

Kohn, A.: *Mit vereinten Kräften,* Beltz, Weinheim und Basel 1989.

Demuth, A. (Hrsg.): *Unternehmenskultur/Imageprofile '90,* in: Imageprofile – das dt. Image Jahrbuch, hg. Manager-Magazin, Jg. 1990, ECON, Düsseldorf 1990.

GEOWissen, *Chaos und Kreativität,* Gruner & Jahr, Hamburg 1990.

Gerken, G.: *Management by Love – Mehr Erfolg durch Menschlichkeit,* ECON, Düsseldorf 1990.

Gomez, P. / Probst, G. J. B.: *Vernetztes Denken im Management,* in:»Die Orientierung Nr. 89«, Schweizerische Volksbank, Bern 1987.

Eicker, A.: *Zugpferd gesucht,* in: Junge Karriere, Ausgabe Sommersemester 1991, Handelsblatt GmbH, Düsseldorf 1991.

Lay, R.: *Philosophie für Manager,* 2. Aufl., ECON, Düsseldorf 1988.

Lehrl, S. / Fischer, B.: *Selber Denken macht fit,* Vless, Ebersberg o. J.

Naisbitt, J. / Aburdene, P.: *Megatrends 2000,* ECON, Düsseldorf 1990.

Ornstein, R. / Thompson, R. F.: *Unser Gehirn: Das lebendige Labyrinth,* Rowohlt, Reinbek 1986.

Gold, B.: *Frauen und Führung: Die Last der Tradition,* in: Psychologie Heute, Juli 1990, Beltz, München 1990.

Ernst, H.: *Das Geheimnis der Träume,* in: Psychologie Heute, März 1991, Beltz, München 1991.

Peseschkian, N.: *Auf der Suche nach dem Sinn,* Fischer, Frankfurt 1983.

Peseschkian, N.: *Der Kaufmann und der Papagei,* Fischer, Frankfurt 1985.

Pümpin, C. / Kobi, J. M. / Wüthrich, H. A.: *Unternehmenskultur,*»Die Orientierung Nr. 85«, Schweizerische Volksbank, Bern 1985.

Satir, V.: *Selbstwert und Kommunikation,* Pfeiffer, München 1975.

Stahl, T.: *Triffst Du 'nen Frosch unterwegs,* Junfermann, Paderborn 1988.

Wenn Sie darüber hinaus weitere Informationen über Coach Yourself erhalten möchten oder Kontakt zu den Autoren aufnehmen wollen, wenden Sie sich bitte an:

BESSER SIEGMUND INSTITUT
Jakobikirchhof 9
2000 Hamburg 1
(20095 Hamburg)
Telefon/Fax: 0 40/32 70 90

Zu diesem Buch können Sie bei den Autoren auch die dazugehörige Mental-Trainings-Kassette erwerben.

Coach-Yourself-Seminare
Das BESSER SIEGMUND INSTITUT (ehemals Luna Learning) führt jährlich im Frühjahr und Herbst Coach-Yourself-Seminare durch. Diese offenen Seminare finden im Kreativen Haus in Worpswede statt.
Weitere Informationen erhalten Sie im BESSER SIEGMUND INSTITUT.

Sachregister

Ablehnungsphysiologie siehe
No-State
Ängste, voreilige 186
Alltag, Integration in 206 f.
Anker, Bedeutung von 62, 69 ff.,
163
–, neutralisierende 186 f.
Assoziation, Technik der 64
Auslöser, bewußter 68 f.
Ausstrahlungskraft 15, 164, 168,
175
Authentizität, natürliche 132

Betriebsklima 22 f., 26
Bewußtsein, Aufgaben des 85 ff.
Beziehungen, interpersonelle 21
–, soziale 22
Bilder, Bedeutung von 73 ff., 82,
116
–, sprachliche 188 ff.

Chaos, Angst vor 157 f.
Coaching, Definition von 18
Corporate Identity 135, 137 ff.

Delegationsmodell, Performance-
orientiertes 191 ff.
Denken, konstruktiv-systemisches 20, 88 ff., 129

Desired State 54

Einzelintelligenzen, hoch entwik-
kelte 147
Engramme, neuronale 42, 111
Enthypnotisierung 187
Entspannungsübung 33, 46 ff.,
49 ff., 160
Erfolg, Reaktion auf 175 ff.
Erfolgsblockaden, persönliche
20, 33 f., 94, 97-102, 106-111,
124, 142, 161
Erlebnisse, Selektion von 74

Flexibilität, Notwendigkeit von
135, 155-159, 173
Freud, Modell von 94
Führung durch Modellverhalten
17, 30
–, direkte 17
–, indirekte 17
Führungspersönlichkeit, Einfluß
der 25 ff.
Future-Pace 64

Gehirn, Aufgabenverteilung des
85
–, Falschprogrammierung des 55
–, neuronale Verknüpfung im 35

–, Psychologik des 86
Gesten, einstudierte 69
–, natürliche 69
Gruppenangst, Umgang mit 185 f.

Harmonie, innere 204
Helicopter-View 75, 78 ff., 91
Hire-and-Fire-Personalpolitik 32
Human-Relation-Trend 22

Identität, persönliche 64, 140
Identitätsanker 138, 140 f.
Imagination, aktive 33
Intelligenz, soziale 202
–, systemische 15

Kettenreaktionen, positive 168 f.
Körperhaltung, symmetrische 164 f.
Kommunikation, nonverbale 131, 169, 174, 181, 184
–, richtige 167, 169-175
Kommunikations-Separator 183
Kongruenz, persönliche 17, 164 ff.
Kontext-Reframing 92 f.
Koordination, innere 150
Kreativität, Bedeutung der 121-127

Leaden, Begriff des 172
Leistungsmotivation 22
Lösungsprozesse, kreative 120-127
Lokomotiveffekt 108 f.
Luna-Learning 20

Märchen, Bedeutung von 81
Manager, Realitätsverlust bei 202
Managerideal 201 f.

Managernachwuchs 31 f., 205
Master-Modelling 179 f.
Matchen, Begriff des 171 f.
Mentaltraining 33
Metaphern, Bedeutung von 81 ff.
Modell, Lernen am 178 f.
Moment of Excellence 69, 71 f.
Motivation, negative 112 f., 115 f.
–, optimale 111, 184
–, positive 112 ff., 116 ff., 161
Motivationsstil, ungünstiger 41

Neid, Umgang mit 176 ff.
Nervensystem, parasympathische Aktivierung des vegetativen 112 f.
Neurostat-Effekt 65, 162
NLP (neurolinguistisches Programmieren) 34, 38 f., 45
–, Persönlichkeitsmodell des 95 ff.
No-State 182 ff.

Ökologie, innere 63
Ökologie-Check 64
Ökonomie, innere 135, 147 ff.

Pacen, Begriff des 172
Persönlichkeit, aktive 15 ff., 165, 168
Persönlichkeitskultur, aktive 23, 130-133
Persönlichkeitsteile 103-107
Personalselektion, bipolare 205
Present State 54
Problemphysiologie 55 f., 90, 93

Querdenker, Bedeutung von 204

220

Rapport, Herstellen von 169-173,
181
Referenzerfahrungen 62
Reframing, inhaltliches 92
Reframing-Physiologie 91 ff.
Ressourcen, innere 135, 153
Ressource Mensch 22, 191 ff.
Ressourcenphysiologie 68 ff.

Schlaf, Entspannung durch 48 f.
Schleifen, unbewußte 119, 124 f.,
163
Scientific-Management 22
Selbstkommunikation 35, 88, 114
Selbststeuerung 42 f.
Selbstvertrauen, Gewinnen von
100 f.
Sensibilität, Notwendigkeit von
202
Sinne, Wahrnehmung durch 44-48
Sprache, bewußter Einsatz der
188 f.
Sprachniveau, Angleichen des 171
Stimme, innere 115 f.
Streß, positiver 66
Stuck-State 56
Superlearning 49

Tagträume, Bedeutung von 48 f.,
124
Teamgeist, innerer 135, 141,
143 ff.
Themenbewußtsein, wellness-
orientiertes 91

Timeline, Erstellen einer 63-67
Training, autogenes 50
Trancezustände 48 ff., 124
Trigger siehe Auslöser
Trotzphänomen 115 f.

Unternehmenskultur 25, 30
Unbewußtes, Aufgaben des
85-88

Verfassung, intra-personelle 21
Versöhnungsphysiologie 93
Vorstellungskraft, positive 33

Wahrnehmung, assoziierte 78 f.
–, dissoziierte 78 f.
–, externale 45 f.
–, internale 45 f., 73
–, positive 50

Yes-State 181 ff.

Zerrissenheit, innere 141 ff.
Zieldefinition, klare 54, 57-63
Zieldenken, konstruktives 33
Zielmanagement 57, 160
Zielorientierung 54
Zielphysiologie 52 ff., 56
Zieltraining 56
Zukunftsfalle, Vermeiden der 184
Zustände, psychophysiologische
53
Zustimmungsphysiologie siehe
Yes-State

Cora Besser-Siegmund

Easy Weight

Der mentale Weg zum natürlichen Schlanksein

176 Seiten, gebunden, mit Schutzumschlag

Wie ungesund Übergewicht ist, weiß jeder. Wie schwer es scheint, schlank zu werden, weiß jeder im Diätfrust Leidgeprüfte.
Easy Weight bietet einen völlig neuen Ansatz. Die Autorin schildert die wissenschaftlichen Voraussetzungen, bietet systematische Übungen zur Selbsthilfe und zeigt an vielen Fallbeispielen, auf welch frappierende einleuchtende Weise jeder Mensch sein wahres Gewicht erreichen kann – wirksam und ohne alle Gewalt.
Ein außerordentlich nützliches Buch, zu dem es auf dem deutschen Markt kein Äquivalent gibt.

ECON Verlag · Postfach 30 03 21 · 4000 Düsseldorf 30

Cora Besser-Siegmund

Sanfte Schmerz-Therapie

176 Seiten, gebunden, mit Schutzumschlag

Auf der Basis gründlicher Recherche und eigener therapeutischer Erfahrung präsentiert Cora Besser-Siegmund hier den mentalen Bereich der Schmerztherapie. Präzise Diagnose und ganzheitlicher Ansatz sind unerläßlich. Überall dort, wo der moderne Mensch (und mancher Mediziner) gern zur Pille greift, setzt mentale Schmerztherapie an. Die Autorin zeigt, wie man mit gezielten Übungen häufig genauso gute, wenn nicht bessere Resultate der Schmerzlinderung erzielt – und dies ohne Nebenwirkungen und Suchtgefahr. Durch Training lernt man, den in der Forschung belegten faszinierenden Placebo-Effekt selbst zu initiieren; ein Schmerztagebuch hilft der Selbstkontrolle. Überzeugend schildert Besser-Siegmund, wie man seinen persönlichen »Schmerzzauber« entwikkelt: ein konstruktiver Weg, den Schmerz an sich zu bejahen, ihn aber dann, wenn er nur noch stört und quält, »abzustreifen«.

ECON Verlag · Postfach 30 03 21 · 4000 Düsseldorf 30